죽은 자의
말을
듣는 눈

죽은 자의
말을
듣는 눈

나주영 지음

살아 있는 자들을 위한
죽음의 시간 _ 법의학

개정판 1쇄 발행 2025년 8월 21일

지은이 나주영
펴낸이 조일동
펴낸곳 드레북스

출판등록 제2025-000023호
주소 서울시 은평구 통일로 630 래미안 베리힐즈 203동 1102호
전화 02-356-0554 **팩스** 02-356-0552
이메일 drebooks@naver.com
인스타그램 @drebooks

인쇄 (주)프린탑
배본 최강물류

ISBN 979-11-93946-48-0 03300

- 이 책은 저작권법에 따라 보호받는 저작물이므로 무단 전재와 무단 복제를 금지하며, 이 책의 전부 또는 일부를 이용하려면 저작권자와 드레북스의 동의를 받아야 합니다.
- 책값은 뒤표지에 있습니다.
- 잘못된 책은 구입하신 서점에서 바꿔 드립니다.

법의학의 눈으로 보는 사람,
그리고 진실을 부검하는 시간

프롤로그

사람에 관한 책을 쓰려고 하니 컴퓨터 커서가 한자리에서 계속 깜박거린다. 글을 쓰는 장소를 옮겨볼까 싶어 연구실 안을 계속 왔다 갔다 해 보기도 한다. 그렇게 한참을 생각하다가 이윽고 한 가지가 떠올랐다. 역시 'Solvitur ambulando(걸으면 해결된다)'다. '내가 잘 아는 법의학에 관해서 쓰자.' 그러자 희미한 빛이 보이는 듯했다. '사람이 무엇인지 법의학적으로 고민해서 써보자.', '법의학으로 보는 사람을 다루고, 법의학이 궁금한 사람이 읽으면 좋을 만한 책을 쓰자.' 이렇게 생각했다

그렇게 이 책은 부검이 무엇인지 등에 관한 법의학 일반으로 시작해 법의학자만이 다룰 수 있는 사람에 관한 내용으로 이어갔다. 사람이 무엇인지 궁금한 이들뿐만 아니라 법의학이 어떤 학문인지 궁금한 이들도 읽기에 부담 없도록 했다.

이 책을 쓰면서 한 가지 강조하고 싶은 것이 있었다. 그것은 뒤를 돌아보지 말고 앞을 보는 것이었다. 법의학이라고 하면 흔히 죽은 사람의 억울함을 풀어주는 학문이라고 짐작하곤 한다. 죽음을 연구하는 학문이라고 생각해, 독자들은 이 책이 죽음이나 과거의 일을 다루리라 예상할 수 있을 것이다. 하지만 이 책에서 인생의 뒤보다 앞을 말하고 싶었다. 죽은 사람보다는 살아 있는 사람을 말하고 싶었다. 법의학은 본래 재판 의학이었고, 부검 등 죽음에 제한되는 학문이 아니다. 법의학은 법률상 문제가 되는 의학적 및 과학적 사항을 연구해 이를 해결함으로써 법을 운영하는 데 도움을 주고 인권 옹호에 이바지하는 학문이다. 그래서 법의학은 재판 의학이라고 불렸

다. 치료 의학이 사람의 생명을 연장하고 건강을 증진하는 생명 존중의 의학이라면, 법의학은 사람의 권리가 억울하게 침해받지 않도록 그 권리를 옹호하는 권리 존중의 의학이다.

나는 죽어 있는 사람이 아닌 살아 있는 사람을 위한 법의학을 말하고 싶다. 그래서 이 책은 인간의 시각으로 본 법의학을 다루었고, 이어 법의학의 시각에서 보는 인간에 관해 썼다. 그리고 죽은 사람이 살아 있는 사람들에게 어떤 말을 하고 있고, 우리가 그들에게 무엇을 어떻게 배울 수 있는지 고민하고 담았다.

요즘은 각종 영화나 드라마 등 대중 매체를 통해 법의학이 많이 알려져 있으나 여전히 잘 알지 못하는 이들도 있고, 한편으로는 이런 매체를 통해 소개되는 지식은 단편적인 경우가 많아 법의학이 보는 인간을 이야기하기 전에 법의학이 무엇인지 먼저 설명해야겠다고 생각했다. 그래야 법의학으로 보는 인간을 이야기할 수 있으리라.

이 책은 〈나는 죽음에서 세상을 본다〉와 〈주검이 말하는 죽음의 시간〉, 그리고 〈죽은 자의 말을 듣는 눈〉, 이렇게 세 부분으로 구성했다. 〈나는 죽음에서 세상을 본다〉는 '우리 안의 법의학'으로, 우리 사회에서 법의학이 무엇이고 어떤 역할을 담당하고 있으며, 법의학이 인간과 사회에 어떤 의의가 있는지 살펴보았다. 이를 위해 법의학의 정의와 세부 학문을 다루고, 법의학이라고 하면 흔히 생각하는 부검도 들여다보았다. 법의학을 통해 규명되는 사인이나 사망의 종류는 물론 인간의 죽음을 마무리하는 사망증명서와 사람으로서 사회적 관계를 회복시키는 개인식별도 이야기했다.

다음으로 '법의학 안의 우리'를 다룬 〈주검이 말하는 죽음의 시간〉에서는 법의학의 눈으로 보는 인간의 시작, 법의학에서 보는 살아 있는 인간으로서의 의미, 인간의 끝, 죽음 이후의 변화라는 주제로 법의학을 이해하고, 나아가 인간의 존재를 들여다본다. 죽음 이후 인간의 변화, 그리고 죽음에 대한 자신의 의지를 표명하는 연명의료 결정과 사회 속에서 한 사람의 온전한 마무리를 가능하게 하는 검시 제도에 관한 이야기를 했다.

마지막으로 〈죽은 자의 말을 듣는 눈〉에서는 실제 저자가 부검을 통해서 들었던 죽은 자들의 이야기를 나누고 싶었다. 우선 하나의 사건을 통해 변사 사건의 신고, 수사, 부검의 과정을 처음부터 마지막까지 이야기했다. 죽은 자의 말을 듣는 나는 때로는 죽은 자가 보내는 선물을 배달하는 택배기사가 되기도 했고, 죽은 자의 억울한 말을 대신 전해주는 헤르메스가 되기도 했으며, 죽은 사람이 아니라 살아 있는 사람의 짐을 덜어주는 변호인이 되기도 했다. 그리고 법의학으로 보는 우리 안의 고립된 죽음, 고독사(고립사)에서는 고립되어 사망한 사람의 유일한 증인이 되기도 했다.

법의학을 설명하다 보면 법과 의학을 함께 다룰 수밖에 없다. 그래서 독자들이 어려워할지도 모르겠다고 생각했다. 사람이란 무엇인가라는 거대한 담론도 어려운데 머리에서 쥐가 날 것 같은 법과 의학으로 이야기를 풀어가겠다니 말이다. 의학 드라마를 보더라도 화면 밑의 용어 해설들은 내게도 낯설고 어려울 때가 많다. 법의학자인 나조차 의학 용어 해설을 보다가 배우들의 연기를 놓칠 때가 있다.

하지만 이 책을 그렇게 예단할 필요는 없다. 법의학은 그렇게 어렵지 않고 오히려 직관적이다. 법의학은 기본적으로 법학이 아닌 의학이기에 법적인 전문 용어나 법학 논리는 내게도 어색하고 부담스럽다. 마지막으로 법의학은 기본적으로 의학을 전공하지 않은 사람들을 향하고 있다. 법의학은 의학을 전공하지 않은 사람들을 위해 의학적인 문제를 감정(鑑定)하는 의학이기 때문이다. 그래서 이 책은 최대한 쉽게 이해할 수 있도록 쓰기 위해 노력했다. 의사들 사이에 오가는 전문적인 용어도 최대한 줄였다. 그럼에도 어렵다면 내 불찰로 이해해 주기를 바란다.

법의학을 통해 죽은 자의 이야기를 전하는 책은 종종 있다. 하지만 법의학 자체를 쉽게 설명하는 책은 찾아보기 어렵다. 이 책이 법의학이 궁금한 이들에게, 그리고 법의학의 눈으로 보는 인간은 어떤 존재인지 궁금한 독자들에게 도움이 되었으면 하는 마음이다.

차례,

프롤로그

1장 ● 나는 죽음에서 세상을 본다

나는 죽음에서 세상을 본다	017
법의학과 법의 병리학	021
다만 말이 없을 뿐	024
하비와 안티스티우스가 마주한 것	027
사소하다고 생각한 그것	033
두벌죽음의 세상에서	036
같은 사인이라도 결코 같지 않다	039
죽음 앞에 놓이는 한 장	044
사망진단서와 시체검안서	048
한 장이 품은 삶에게	052
마지막 주소를 찾는 길, 개인식별	055

2장 ● 주검이 말하는 죽음의 시간

인간이 인간으로 존재하는 순간	067
법의학으로 보는 인간의 시작	072
생활반응으로 읽는 그날	077
법의학과 생명의 끝	084
마음의 행방	090
심장에 의한 사후 심판	096
죽지 않는 삶은 가능할까	099
심장에 의한 살인	105
주검이 말하는 죽음의 시간	108
엔키두 곁을 지킨 길가메시	111
연명의료 결정	116
죽음은 늘 삶과 함께한다	123
죽음의 마지막 절차, 검시	128
죽음으로 완성되는 삶	131
사람으로서 받는 마지막 의료	135
Mortui vivos docent	141

3장 ● 죽은 자의 말을 듣는 눈

침묵의 뒤편	147
그는 왜 말을 바꿀까	151
자국이 말하고 싶은 것	158
그 전화가 없었다면	165
정말 그것이 사인일까	172
마지막 선물	177
있었지만 없는 사람	181
그렇게 그는 내게 왔다	185
도대체 무슨 일이 있었을까	189
혼자 죽는 사람들	192
나의 변비는 당신의 죽음보다 무겁다	196
법의학자를 꿈꾸는 중이라면	202

에필로그
참고자료

나는

죽음에서

세상을

본다

나는 죽음에서
세상을 본다

 법의학은 법률의 시행과 적용에 관련된 의학적 또는 과학적 사항을 연구하고 이를 적용하거나 감정하는 의학이다. 법의학은 임상의학, 즉 살아 있는 환자를 진료하는 의학이 아니라 죽어 있는 사람을 진료하는 의학이다. 그리고 나는 죽어 있는 환자를 진료하는 의사다. 물론 죽어 있는 환자는 이미 죽었기 때문에 치료라는 의료행위가 필요하지 않다. 그러나 진단이라는 의료행위는 여전히 필요하다. 죽어 있는 사람을 위해, 그리고 아직 살아 있는 사람들을 위해.

 법의학은 환자를 치료하는 의학은 아니지만, 인권을 옹호하고 공중의 건강과 안전을 증진하며 사회정의를 구현하는 의학이다. 따라서 법의학은 환자 한 사람의 질병을 치료하는 의학이라기보다 사회를 치료하는 의학이라고 할 수 있다.

법의학에는 법의 병리학(forensic pathology), 법치의학(forensic odontology), 법의 인류학(forensic anthropology), 임상법의학(clinical forensic medicine), 개인식별 등 여러 세부 분야가 있다. 내가 전공하는 법의 병리학은 주로 부검 등으로 사인과 사망의 종류를 밝히는 등 죽음을 조사하고 연구한다. 법치의학은 주로 치아를 이용해서 개인식별을 하고 나이를 추정하며, 법의 인류학은 주로 뼈를 이용해 연구한다. 임상법의학은 임상 진료와 관련해 발생하는 의료사고 등의 사건을 법의학적으로 연구하는 학문으로, 의료사고 및 분쟁이나 배상 및 보상 등을 대상으로 한다. 개인식별은 친자감별이나 개개인의 신원을 확인하는 학문 분야다.

각 분야가 맡은 일은 달라도 그 이름을 보면 한 가지 공통점이 있다. 이들 분야의 이름에 'forensic'이라는 단어가 공통으로 들어가는 점을 쉽게 알 수 있다. forensic은 '법의'로 해석할 수 있다. 한편으로 독자들은 휴대전화와 같은 전자기기를 조사할 때 흔히 말하는 '포렌식을 맡긴다'라는 말이 떠오를 수도 있겠다. 하지만 포렌식이라는 말은 법의학과 상관없을 것 같은 단어인 '시장의', '광장의', '공공의', '공중의'를 뜻하는 라틴어 forensis에서 기원했다. 법의학이 시장이나 광장과 무슨 관계가 있을까?

forensis는 라틴어 forum과 관련된 단어다. forum은 '시장', '광장'을 뜻한다. 로마시대에 사람들은 광장에 모여 재판하는 등

공적인 일을 토론했다. 그래서 지금도 포럼은 '토론회'라는 뜻으로 쓰이고, 로마에 가면 '로마 사람의 광장'이라는 뜻의 포로 로마노가 있다. 이탈리아어 포로 로마노의 라틴어식 표현이 포룸 로마눔이다. 로마 사람들이 포룸에 모여 공적인 일을 토론하다 보니 forum과 유사한 forensis는 '공중의', '공공의'라는 뜻이 되었으며, 라틴어 forensis가 영어 forensic이 되었다. 즉 법의학(forensic medicine)은 공적 의학, 공공의학이다. 요즘 공공의대 설립 건으로 많은 말이 오가는데, 법의학을 전공으로 하는 의과대학을 만든다면 어떨까? 행복한 상상을 해 본다.

법의학은 재판과 관련된 의학이기도 하다. 주로 재판정에서 공적인 판단이 이루어지고, 특히 로마시대에는 광장에서 재판이 이루어졌기 때문이다. 그래서 초기에 법의학을 의미하는 forensic

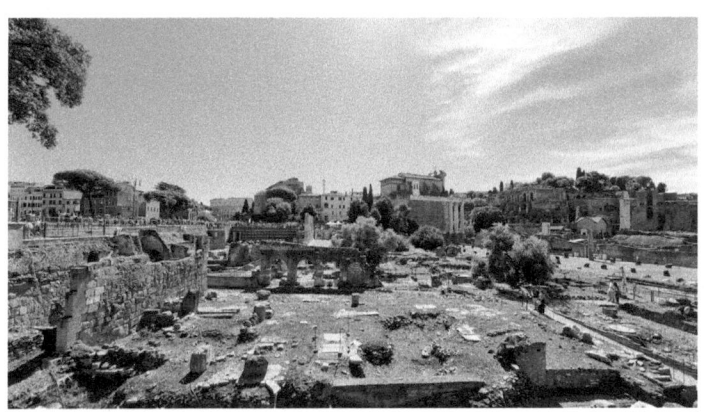

포로 로마노. 멀리 콜로세움이 보인다.

medicine은 재판 의학으로 번역되었다. 재판과 관련된 것이라고 해서 형사사건만 의미한 것은 아니다. 법의학의 세부 분야에 임상 법의학이 있었다. 임상 법의학의 경우 형사사건보다는 민사사건에 더 가깝다고 할 수 있다. 개인식별 분야도 그렇다. 그러다가 일본에서 재판 의학을 법의학으로 부르기 시작했고, 이 용어가 우리나라에 들어왔기 때문에 우리나라에서는 법의학이라는 단어를 자연스럽게 받아들이게 되었다.

죽음이라는 끝이 있는 유한한 삶을 사는 우리이기에 인간을 이야기하려면 죽음을 언급하지 않을 수 없다. 어쩌면 우리가 인간인 이유는 우리가 죽을 것이기 때문이라고 할 수도 있다. 그리고 법의학은 인간의 죽음을 공부하기에 가장 적합한 학문이다. 실재적으로 죽은 사람의 이야기를 듣고 이를 살아 있는 사람에게 적용하는 학문이기 때문이다. 이와 같다면, 법의학보다 죽음까지 포함해 인간을 실재적이고 현실적으로 살피는 학문을 찾기는 쉽지 않을 것이다. 따라서 나는 법의학이라는 학문을 통해 죽음에서 인간과 세상을 본다.

법의학과 법의 병리학

 법의 병리학은 법의학의 세부 분야이지만, 가장 큰 분야라고도 할 수 있다. 사람들은 가끔 내게 우리나라에 법의학자가 몇 명인지 묻곤 하는데, 정확히는 알 수 없지만 내 법의학 인정의 번호가 45번이고, 2011년에 인정의 자격을 취득했으므로 지금 법의인정의 번호는 70번 정도 아닐까 싶다. 하지만 그사이에 법의학 인정의들 중에 정년에 이르거나 돌아가신 분들도 있으므로 법의학 인정의가 그 숫자만큼 증가한 것은 아니다.

 우리나라에서 부검할 수 있는 법의학자, 자세히는 법의 병리학자가 70명 정도라고 해도 너무 적지만, 사실 이 정도도 되지 않는다. 법의학 인정의 안에는 법치의학을 전공한 이들도 있고 법의 인류학이 전공인 이들도 있다. 따라서 아주 많게 계수하면 60

명 정도이며, 실제로 활동 중인 법의 병리학자는 40~50명 정도라고 할 수 있다. 물론 이것도 많지는 않지만, 과거에는 우리나라의 법의학자들이 승합차를 탈 정도는 된다고 했는데, 이제는 버스 한 대를 탈 수 있는 정도가 되었다.

법의 병리학은 법의학의 세부 분야 중에서 가장 중심이고, 내가 전공하는 분야이기도 하다. 대개 법의학자라고 하면 법의 병리학자를 말한다. 이름에서 힌트가 있지만, 법의 병리학자는 기본적으로 병리학자다. 병리학(病理學, pathology)은 질병이 인체에 가져오는 형태적·기능적 변화를 연구하며, 질병의 원인 및 발생 과정을 탐구하고, 의학 교육 및 연구에서 가장 기초가 되는 학문이다.

병원에서 병리학자는 채취된 조직검사 검체를 이용해 환자의 질병을 진단한다. 우리가 병원에서 위내시경이나 대장내시경을 하면 때에 따라 조직검사를 하는데, 그때 채취한 인체 조직은 병리과로 보내져 검사가 이루어진다. 병리과에서는 주로 광학현미경을 이용해 조직 검체를 검사하고 진단한다. 참고로 《독립신문》을 창간한 독립운동가이자 우리나라 최초의 의사인 서재필 박사도 병리학자였다.

법의 병리학은 병리학의 정의에서 질병 대신에 죽음을 넣으면 대충 맞다. 법의 병리학은 죽음이 인체에 가져오는 형태적·기능적 변화를 연구하며, 죽음의 원인 및 발생 과정을 탐구하고, 의학 교육 및 연구에서 가장 기초가 되는 학문으로서 부검 등을 통해 죽음을 진단하는 학문이다.

따라서 법의 병리학자는 신체 장기의 육안 및 현미경적 검사를 할 줄 알아야 하고, 유전자 검사와 혈중 알코올 검사, 약물이나 독물 검사 등 다른 법의학적 실험실 검사 결과를 해석할 줄 알아야 하며, 이를 위해 시신에서 적절한 검체를 채취해야 한다. 그리고 시신에 대한 육안 소견, 현미경적 소견 및 다른 법의학적 검사 결과들을 종합해 사망을 조사하는 역할을 한다.

법의 병리학자가 되려면 의대를 졸업하고 의사 고시에 합격해서 의사면허를 취득해야 한다. 1년 과정인 인턴을 수료하고 병리과 전공의로 4년 동안의 수련을 마친 후 병리과 전문의 시험에 합격해서 병리과 전문의 자격증을 취득해야 한다. 그 뒤 법의 병리학을 세부 전공하고 일정한 자격을 갖춘 후 법의학 인정의 시험에 합격하면 법의학 인정의, 특히 법의 병리학자 자격을 취득한다.

우리가 흔히 내과 전문의라고 하지만, 대학병원에 가면 내과 전문의도 소화기내과, 순환기내과, 호흡기내과 등으로 세분되는 것처럼 법의 병리학자는 병리과 전문의 자격을 취득한 뒤에 법의 병리를 세부 전공한 것이라고 이해할 수 있다. 이런 과정을 거치려면 의대 6년, 인턴 1년, 병리과 전공의 4년, 법의 병리학 세부 전공 2년 등 13년을 거쳐야 하고, 남성의 경우 군대 3년이 추가된다.

다만 말이
없을 뿐

 법의학이라고 하면 흔히 부검을 생각한다. 부검이 법의학의 전부라고 할 수는 없지만, 법의 병리학을 전공하지 않으면 부검을 집도하기 어렵고, 부검 자체가 매우 특수한 전문 분야이기도 하며, 대중 매체에서 법의학자가 주로 부검하는 의사로 비치다 보니 대중적으로는 법의학이라고 하면 부검을 가장 먼저 떠올린다. 부검은 영어로 autopsy인데, auto는 '스스로'를, opsy는 '본다'를 뜻한다. 따라서 autopsy는 '스스로 본다'로 해석할 수 있다.
 전공의 1년차가 되기 전인 인턴 말쯤이었을 때, 법의학을 하겠다는 내 말에 친구가 "왜 하필 법의학이야?"라고 물었다. 그때 나는 "법의학도 의사가 해야 하는 일이고, 남들이 잘 하지 않으니 내가 하겠어."라고 대답했다. 그랬더니 친구는 "환자를 봐야지 왜 법의학을 하려고?"라고 다시 물었다. 그러면서 당연히 내가 내과를 전공할 줄 알았다고 했다. 그다음 나는 "나도 환자를 봐."라고 말했다. 다만 내가 보는 환자는 말을 하지 않을 뿐이다.

죽은 사람은 말을 하지 않는다. 그래서 그의 말을 듣기는 쉽지 않다. 들을 수 있는 귀가 있는 사람만 죽은 사람의 말을 들을 수 있다. 말을 하지 않는 죽은 사람의 이야기를 들을 수 있는 귀는 무엇일까? 나는 죽은 사람의 말은 내 눈을 통해 들을 수 있다고 생각한다. 죽은 사람은 말이 없으니 내가 시신을 보고 그가 하고 싶은 말을 들어야 한다. 그래서 '스스로 본다'라는 뜻의 단어가 '부검'이 되었으리라. 그래서 이 책의 제목이 《죽은 자의 말을 듣는 눈》이 되었다.

2021년 기준 국내 사망자 수는 31만 7,680명이다. 이 중 몇 건에서 부검이 이루어질까? 국내에서 시행된 부검을 다룬 통계 논문 중에서 《대한법의학회지》에 마지막으로 보고된 논문인 2017년 기준으로 보면 당시 사망자는 28만 5,534명이었고, 그해에 시행된 법의 부검, 즉 법의학자들이 행한 부검은 8,777건으로 전체 사망자의 3.1% 정도였다.

법의 부검이 이 정도라면 다른 부검도 있을까? 물론 질병을 확인하기 위해 시행하는 병리 부검, 방역 등의 목적에 의한 행정 부검, 보험 등의 목적으로 유가족의 요청에 따라 시행되는 부검 등도 있다. 그러나 우리나라에서 이런 부검은 극히 적다. 심지어 코로나19 대유행 시기에도 우리나라에서 방역을 위한 부검은 시행되지 않았다. 그래서 우리나라에서 시행되는 부검은 법의 부검이 전부라고 해도 과언이 아니다.

 나는 '스스로 보는' 부검을 한다. 물론 부검을 통해 죽은 사람의 말을 듣는 것이 쉬운 일은 아니다. 죽은 사람의 말을 들으려면 많은 공부와 오랜 시간의 수련이 필요하다. 나는 죽은 사람을 만나 스스로 봄으로써 그들의 무언(無言)의 말을 듣는다.

하비와 안티스티우스가
마주한 것

 영국 런던 '이발사—외과의사의 홀'에는 〈찰스 스카보로프 경과 에드워드 에리스가 집도하는 부검〉이라는 제목의 그림이 걸려 있다. 둘 중에 키가 큰 모자를 쓰고 있는 사람이 스카보로프 경이고, 키가 작은 모자를 쓰고 있는 사람이 에드워드 에리스다.

 요즘에는 보기가 어려운데, 독자들은 이발소 간판 앞에 빨갛고 파랗고 하얀색 띠가 뱅글뱅글 돌아가는 구조물을 본 기억이 있는지 모르겠다. 왜 이런 구조물이 이발소 앞에 있는지 궁금한 적은 없었을까? 이런 구조물이 이발소 앞에 있는 것은 과거에 이발사가 외과의사 역할을 했기 때문이다. 빨갛고 파랗고 하얀색의 띠는 각각 동맥, 정맥, 거즈를 상징한다. 이발사가 외과의사의 역할을 했었기 때문에 이런 구조물이 이발소의 상징이 되었다. 그래서 부검 모습을 그리고 있는 이 그림도 런던에 있는 이발사-외과의사의 홀에 전시되어 있다.

스카보로프 경은 윌리엄 하비의 제자이기도 했다. 1628년, 윌리엄 하비는 《동물의 심장과 혈액의 움직임에 관한 해부학적 연구》를 출판하며 혈액 순환론을 소개했다. 그는 피가 심장으로부터 나와서 동맥과 정맥을 거쳐 다시 심장으로 돌아오는 혈액순환을 밝힌 의사로, 근대생리학의 아버지라고 불린다.

지금 생각하면 당연한 말이지만, 그때까지만 해도 이것은 상상

〈찰스 스카보로프 경과 에드워드 에리스가 집도하는 부검〉, G. P. 하딩, 1818년

《동물의 심장과 혈액의 움직임에 관한 해부학적 연구》(윌리엄 하비, 1628년)에 실린 결찰사 실험

할 수 없는 이론이었다. 당시는 고대 그리스 의학자 갈레노스의 가설을 천 년 넘도록 비판 없이 받아들이던 시대였다. 갈레노스에 따르면 혈액은 간에서 만들어지고 혈관을 따라 신체 말단에 가서 소멸한다. 그런데 하비는 이 생각을 의심했고, 수학적 계산과 부검 및 과학적 실험을 통해 처음으로 이를 반박하고 그것이 틀렸음을 증명했다. 의학계의 코페르니쿠스라고나 할까.

하비는 해부를 통해 심장에서 1분에 뿜어져 나오는 혈액의 양을 계산했다. 이를 24시간으로 계산했더니 하루에 뿜어져 나오는 혈액이 수천 리터 정도나 되었다. 하루 동안 심장으로부터 뿜어져 나오는 양이라고 하기에는 너무 많은 양이었다. 그는 사람이 날마다 이렇게 많은 혈액을 만들어내는 것은 불가능하다고 보았고, 어떤 방법으로든 혈액은 순환한다고 생각했다. 다만 당시에는 모세

혈관을 관찰할 수 없었기 때문에 심장, 동맥, 세동맥, 모세혈관, 세정맥, 정맥, 심장으로 돌아오는 혈액순환을 완전히 밝히지는 못했다.

하비는 팔에 줄을 묶는 그 유명한 결찰사 실험을 했다. 팔의 윗부분을 줄로 묶는데, 세게 묶으면 피부 깊숙한 곳에 있는 동맥까지 묶여 묶인 팔 아래쪽이 부풀어 오르지 않지만, 조금 약하게 묶으면 피부 아래 얕은 곳에 있는 정맥만 묶이면서 팔 아랫부분이 부풀어 오르는 것을 관찰했다. 이 실험을 통해 그는 동맥과 정맥이 서로 연결되어 있음을 알아냈다.

이런 하비의 혈액 순환론은 너무나 새로운 생각이어서 그가 살아 있는 동안에는 과학계에서 받아들여지지 못했다. 하지만 현재 그는 과학적 실험을 통해 근대과학 연구, 특히 의학 연구의 기틀을 마련한 의사로 널리 인정받고 있다.

어떻게 혈액이 심장에 의해 몸을 순환하는지 정확하게 설명한 최초의 의사로서 하비가 해부학과 생리학에 큰 영향을 미쳤다면, 기록으로 확인되는 법의 부검은 율리우스 카이사르의 죽음에서 찾아볼 수 있다.

신고전주의 이탈리아 화가인 빈센조 카무치니는 기원전 44년 3월 15일 율리우스 카이사르가 약 40명의 로마 원로원 의원들에게 암살되는 장면을 화폭에 담았다. 이 그림을 보면 여러 사람들이 카이사르를 죽이기 위해 칼을 들고 그를 둘러싸고 있는데, 다

〈카이사르의 죽음〉, 빈센조 카무치니, 1804년

들 살의를 품은 눈빛이다. 하지만 그중에서 한 사람은 카이사르와 눈을 마주치지 못한 채 고개를 돌리고 있다. 그림 가장 중앙에 있는 바로 그 사람이 카이사르가 죽으면서 "브루투스 너마저……." 라고 한 브루투스가 아니었을까?

고대 로마의 통치자 율리우스 카이사르는 제1차 삼두정치의 일원으로 갈리아를 정복하고 지금의 영국인 브리타니아까지 침공하며 로마의 영토를 확장했다. "주사위는 던져졌다."라는 유명한 말과 함께 루비콘강을 건너 로마 내전에서 승리하며 그는 로마 제1의 권력자가 되었지만, 그가 아끼던 브루투스 등 원로원 의원들에 의해 암살당했다. 카이사르의 사망과 함께 로마 공화정도 죽고, 로마는 황제가 다스리는 제정으로 다시 탄생했다.

카이사르가 죽자, 카이사르의 주치의인 안티스티우스는 카이사르를 부검했고, 카이사르의 시신에서 23곳의 자창, 즉 찔린 손상을 확인했다. 안티스티우스는 23곳의 자창 중 왼쪽 어깨뼈 부위의 자창이 심장까지 도달했으며, 이것이 치명적인 손상이라고 발표했다. 이것이 기록으로 확인되는 최초의 법의 부검이다.

참고로, 카이사르가 사망할 당시에 그가 브루투스를 보며 "브루투스 너마저……."라고 말했다는데, 정말 그렇게 말했을까? 이 유명한 말은 셰익스피어의 희곡 〈줄리어스 시저〉에 나오는 대사로, 실제로 카이사르가 그런 유언을 남겼다는 증거는 없다.

사소하다고 생각한 그것

일반적으로 살인 등의 사건에서 법의 부검이 시행된다고 짐작하지만, 그렇지 않다. 법의 부검은 민사 또는 형사 목적으로, 법적 문제가 발생할 수 있는 모든 사망사건에서 필요한 소견을 확인하기 위해 시행되는 부검이다. 따라서 살인사건 등의 형사재판에 제한되지 않고, 법의 부검으로 확인해야 할 소견들은 치명적인 손상을 확인하는 것에 그치지 않는다. 오히려 재판을 위해 필요한 소견이라면 치명적이지 않은 손상이나 그밖에 다른 신체 상태에 대한 소견까지 모두 확인해야 한다.

사람들은 흔히 부검에 유가족의 동의가 필요하리라 짐작한다. 하지만 그렇지 않다. 앞에서 말한 것처럼 우리나라에서 이루어지는 거의 모든 부검은 법의 부검이다. 법의 부검은 재판 등의 법적

관계에서 사망을 조사하기 위해 시행되는 공적 목적의 부검이다. 따라서 법의 부검은 검사의 청구에 따라 법원이 발부한 압수·수색·검증 영장에 근거해 시행되며, 따라서 법의 부검을 할 때 유가족의 동의는 필요하지 않다. 압수·수색·검증 영장이라는 말 그대로 시신을 압수해 검증하는 과정이 법의 부검이다.

시신을 압수해서 부검으로 검증하는 것은 태산보다 무거운 사람이 사망했고, 부검이 사망을 조사하는 데 가장 유효한 방법이며, 이를 통해 국가가 한 사람의 마지막을 명확히 하려는 데 목적이 있다. 우리나라는 부검을 터부시하는 경향이 있는데, 부검이 이루어지지 않는 경우가 있다면 오히려 왜 부검해서 소중한 한 사람의 사망을 명확히 하지 않느냐고 따져야 옳다. 부검해서 생기는 문제보다 부검이 이루어지지 않아 한 사람의 사망이 명확히 밝혀지지 못해 발생하는 문제가 더 많고 더 고통스럽다. 과연 부검을 해서 생기는 문제가 있기는 할까?

실무적으로 우리나라에서는 변사 사건에서 법의 부검이 이루어지고 있다. 변사란 법적 개념으로, 내인사로 확인되기 전의 모든 사망을 일컫는다. 변사는 자살, 타살, 사고사 등의 외인사는 물론이고, 내인사라고 하더라도 내인사로 판단되기 이전에 사인이 불분명한 경우의 모든 사망을 포함한다. 즉 부검을 통해 심근경색증으로 사망했다는 것이 확인되더라도 부검으로 심근경색증이 확인되기 전 사인이 불분명한 상태일 때 그 시신은 변시체다.

이렇다 보니 사람마다 변사를 다르게 판단할 수 있고 변사 사건의 여부를 제대로 판단하기 힘들 수 있다. 그래서 2018년 대한법의학회에서는 변사 가이드라인을 발표했다. 이에 따르면 변사는 '국민의 건강, 안전, 범죄와 관련하여 사망 원인을 밝히고 국가가 책임지고 처리해야 하는 죽음'을 말한다. 이와 함께 변사의 종류도 다음과 같이 유형화하여 구체화했다.

1. 범죄와 관련되었거나 범죄의 의심이 있는 사망
2. 모든 사고성 사망
3. 자살했거나 자살의 의심이 있는 사망
4. 부패 및 신원불상의 시체
5. 수중 시체 및 화재와 연관된 사망
6. 연행, 구금, 심문, 구치소, 교도소 등 사법 집행 과정에서의 사망
7. 정신보건시설, 고아원 등 집단 복지 수용시설에서의 사망
8. 평소 건강한 것으로 보였으나, 갑자기 죽는 청장년 및 노인 사망
9. 의료기관에서 치료 중이 아닌 영유아, 소아 및 청소년 사망
10. 급성 중독이 의심되는 사망
11. 의료기관에서 사인 미상의 사망

두벌죽음의 세상에서

 사인은 '사람을 죽음에 이르게 한 질병, 병적 상태 또는 손상'을 말한다. 쉽게 풀면 사람이 사망에 이른 원인이다. 즉, 사람을 죽음에 이르게 한 일련의 이상 상태를 유발한 질병이나 손상이 사인이기 때문에 질병만 언급하는 것이 아니며, 교통사고나 추락 등의 손상도 그 자체로 사인이 될 수 있다.
 이런 사망 원인은 추상적인 개념이 아니라 생물학적 및 의학적인 구체적 개념으로, 의학적으로 검토되고 과학적으로 타당한 결정이어야 한다. 따라서 이를 적확하게 판단하려면 여러 정보가 필수적이다. 특히 외부 소견뿐만 아니라 해부 소견을 확인할 수 있고 해부 중 적절한 검체를 채취해 필요한 추가적인 사후검사를 가능하게 하는 부검은 사인과 사망의 종류를 판단하는 등 사망을 조사하는 데 가장 중요한 검사 방법으로 인정된다. 사망에 이른 원인을 적확하게 판단하려면 여러 정보가 필수적이고, 부검보다 사망을 조사하는 데 더 중요한 검사 방법은 없다. 따라서 부검이 이루어지지 못해 문제가 발생할 수는 있어도 부검이 이루어져 문제가 발생하는 경우는 없다.

부검을 하면 죽은 사람을 편하게 보내지 못하는 것일까? 사실 부검했다고 해서 이미 사망한 사람이 불편해지는 것은 아니다. 할 수만 있다면 부검을 통해 태산 같은 한 사람의 사망을 명백히 밝히는 것이 무엇보다 중요하다. 이를 통해 적확하게 판단된 사인은 국민복지 및 보건의료 정책 수립을 위한 바른 기초자료로도 사용된다.

부검은 터부시할 것이 아니다. 오히려 부검이 이루어지지 않으면 왜 부검을 통해 소중한 한 사람의 사망을 명백하게 확인하지 않느냐고 따지는 것이 맞다. 나는 법의학 감정(鑑定)을 하면서 망자를 편하게 보내주고 싶다며 부검을 반대했다가 보험 등 여러 가지 문제 때문에 나중에 후회하는 유족을 많이 봐왔다. 부검하느냐 하지 않느냐의 문제는 망자를 편하게 보내주느냐 불편하게 보내주느냐의 문제가 아니다. 과연 부검하면 사망한 사람이 불편해하기는 할까? 그렇지 않을 것 같다. 오히려 부검을 하지 않으면 망자의 사망이 명확하게 밝혀지지 않으면서 남은 사람들이 불편해질 수 있다.

하지만 우리나라 사람들은 부검을 싫어한다. 얼마나 싫어하면 '두벌죽음'이라는 말이 있을까 싶다. 표준국어대사전에서 두벌죽음은 '두 번 죽임을 당한다'라는 말로, 예시 문장은 다음과 같다.

"유족들은 사망 원인을 밝히기 위한 검시를 두벌죽음으로 생각했다."

부검을 하는 법의 병리학자 입장에서 가슴 아픈 말이다. 시신을 부검하는 것이 사람을 두 번 죽이는 것이라면 나는 지금까지 2천 명 이상을 죽인 연쇄살인범이다. 수천 명을 죽인 연쇄살인범이 이렇게 책을 쓰고 있다니 아이러니한 상황이 아닐 수 없다. 이런 선입견과 편견에 가슴 아프고, 그런 현실이 안타깝기만 하다. 무엇과 비교할 수 없이 소중한 한 사람의 죽음을 조사하고 그 사정을 명백하게 밝히는 것이 오히려 그를 두 번 죽이는 것으로 인식되다니 말이다. 그래도 나는 늘 그랬듯이 이번 주에도 다시 사람을 죽이러 부검대 앞에 담담히 설 것이다.

같은 사인이라도
결코 같지 않다

사인이 사망에 이른 원인이라면, 사망의 종류는 무엇일까? 사인이 의학적인 사망의 원인이라면, 사망의 종류는 법률적인 사망의 원인이라고 할 수 있다. 우리가 흔히 말하는 자살, 타살 등이 사망의 종류다. 이는 크게 내인사, 외인사, 불명의 사망으로 구분한다.

내인사는 내적 질병에 의한 사망이다. 급성 심근경색증이나 폐렴으로 사망할 수 있고, 이런 질병에 의해 사망하는 것을 내인사라고 한다. 대개는 고령층에 많지만, 그렇지 않은 경우도 많다.

손상으로 인해 질병이 발생해서 사망하는 예도 있다. 예를 들면 넘어지는 사고로 외상성 뇌출혈이 발생했고, 수술 등의 치료로 치명적인 급성의 경과는 넘겼지만, 상태가 지속적으로 악화하여 콩팥 기능 상실과 같은 치명적인 합병증이 발생해 사망할 수 있다.

이런 경우 사망에 이르게 한 직접사인은 콩팥 기능 상실이라고 할 수 있다. 하지만 콩팥 기능 상실과 인과관계가 인정되는 원인은 외상성 뇌출혈이기 때문에 이 사망은 외인사로 판단하는 것이 합리적이다. 인식할 수 있는 외부적인 요인에 의해 유발된 신체 상태의 악화에 의한 사망이라면 외인사로 판단해야 한다. 예를 들어 벌에 쏘여 과민반응으로 사망했거나 광견병에 걸린 개에게 물려 사망했다면 이런 사망은 외인사로 판단하는 것이 합리적이다. 어떤 특별한 상황에서 명백하게 인식할 수 있는 외부 요인에 의해 사망한 것이기 때문이다.

반면에 외부적인 요인에 의해 신체 상태가 악화하여 사망했더라도 일상생활 중 발생한 인식하기 어려운 외부 요인에 의한 사망이라면 내인사로 판단하는 것이 합리적이다. 예를 들어 우리 신체에는 각종 바이러스 감염으로 발생하는 암이 있다. 대표적으로 인체유두종바이러스(HPV)에 의해 발생하는 자궁경부암이 있다. 일상생활 중 인식할 수 없는 사이에 인체유두종바이러스에 감염되었고 수년 이상 지난 후 이로 인해 자궁경부암이 발생해 사망했다면, 비록 벌침의 독성분이나 광견병 바이러스처럼 인체유두종바이러스라는 외부 요인에 의해 신체 악화가 발생해 사망했다고 볼 수 있더라도 이 사망은 내인사로 판단하는 것이 합리적이다.

한편, 외인사는 행위자의 관계성 판단에 따라 자살, 타살, 사고사로 나눌 수 있다. 외인사는 맞으나 자살 또는 타살 등을 구분하기 어려운 경우는 불상 사망이라고 한다.

자살은 자신에 의한 자신의 사망이다. 죽을 뜻을 품고 죽을 것을 알고 스스로 한 행위의 결과로 죽었다는 의미다. 우리나라에서 자살은 범죄로 처벌받지 않는다. 하지만 자살을 도와 살해하거나 자살을 교사 또는 방조해 타인이 자살에 이르게 하는 때는 형법 제252조에 따라 처벌받는다. 형법 제252조 '촉탁, 승낙에 의한 살인 등'에 따르면 사람의 촉탁이나 승낙을 받아 그를 살해한 자는 1년 이상 10년 이하의 징역에 처하며(제1항), 사람을 교사하거나 방조해 자살하게 한 자도 제1항의 형에 처한다.

자살의 승낙을 받았더라도 살인하는 것은 당연히 해서는 안 되는 살해 행위다. 자살하도록 하는 것도 동일한 처벌을 받는다. 자살의 교사는 자살할 뜻이 없는 상대에게 자살의 결의를 하게 하는 행위를 말한다. 그리고 자살 방조는 이미 자살을 결의한 사람에게 자살 행위를 도와 쉽게 해 주는 행위다. 대표적인 예가 동반자살을 시도했다가 타인은 죽고 자신은 살아나는 경우다. 참고로 위계에 의해, 즉 속여서 이런 행위를 하면 형법 제252조가 아니라 위계 등에 의한 촉탁살인 등을 다룬 같은 법 제253조가 적용된다. 이에 의한 처벌은 살인의 죄와 같아 사형, 무기 또는 5년 이상의 징역이다.

타살은 다른 사람의 행위에 의한 나의 죽음이다. 다른 사람의 의도에 의한 나의 죽음이라고 말하지 않는 것은 의도와 상관없는 타인의 행위에 의한 나의 죽음이 있을 수 있기 때문이다. 타살과 살인은 다른 의미다. 예를 들어 폭행치사의 경우 죽이려는 의도는 없었고 혼을 내려는 등의 목적으로 때리기만 했는데 사망에 이른 경우다. 이런 경우는 법적으로 살인의 의도가 없었기 때문에 살인죄로 의율하기 어렵다. 따라서 타살과 살인은 다른 말이다. 타살은 살인과 달리 행위자의 살해 의지가 필요한 것은 아니다.

한편, 교통사고에 의한 사망의 경우 다른 사람의 행위에 의한 나의 죽음이기 때문에 타살로 판단할 여지가 있으나 일상적인 생활 중에 발생한 사망이고, 발생 가능성 등을 참고해 세계보건기구(WHO)의 분류 등을 따라 사고사로 판단한다. 그러나 살해 의도를 가지고 자동차 사고를 발생시켜 타인을 사망에 이르게 했다면 당연히 법적으로 살인죄가 적용된다. 반면에 보행자가 어두운 밤에 고속도로에서 무단횡단을 하다가 교통사고로 사망했다면 운전자는 무죄로 판단될 가능성이 크다. 이와 달리 일반적인 상황에서 교통사고에 의한 보행자 사망으로 사고성이 높은 경우의 교통사고라면 운전자에게 업무상과실치사죄가 적용될 수 있다.

이처럼 타살에 대한 법의학적 의미와 법적 의미는 다를 수 있다. 결국 사망의 종류에 관한 판단은 모든 사실을 종합해 법적으로 이루어지는 최종 판단의 성격을 갖는다. 따라서 의학적 판단과 법적 판단 사이에는 차이가 있을 수 있고, 법의학적 판단은 중간 결론의 성격을 갖는다고 할 수 있다.

사고사는 사고에 의한 사고성 사망이다. 자기 과실에 의할 수도 있고, 자연재해에 의한 사망일 수도 있다. 그밖에 산업재해, 의료사고 등에 의한 사망이 있을 수 있다.

다음으로 불상 사망은 내인사가 아닌 외적 원인에 의한 사망으로, 자살과 타살 등의 결정이 어려운 경우다. 대표적으로 익사의 경우 물에 빠져 사망한 것이기 때문에 내적 원인에 의한 내인사가 아니라 외인사이지만, 자신의 의도에 따른 입수인지, 실족에 의한 사고성 입수인지, 타인과 다투던 중 타인이 물에 빠뜨려 발생한 입수인지는 확인하기 어려울 수 있다. 이런 경우가 불상 사망이다.

마지막으로 사망의 종류가 불명한 사망이다. 내인사인지 외인사인지조차 구별하기 어려운 경우다. 고도로 부패한 상태로 발견된 시신이나 백골화된 상태로 발견된 경우는 사인을 결정하기가 어렵기 때문에 사망의 종류 역시 불명할 수밖에 없다.

한편, 사인과 사망의 종류는 서로 연관되는 경우가 많다. 예를 들어 급성 심근경색증의 사인에 의한 사망은 대개 내인사로 판단될 수 있다. 반면에 손이나 다리에 의한 목조름으로 발생한 사망인 액사는 타살로 판단할 수 있다. 내가 내 목을 조르고 자살할 수 있다고 생각할 수 있겠지만 그렇지 않다. 내가 내 목을 졸라 나를 죽일 수는 없다. 내가 죽기 전에 먼저 기절해서 조르고 있는 손을 풀 수밖에 없기 때문이다.

죽음 앞에 놓이는 한 장

태산보다 무거운 한 사람이 죽었다. 삶의 생명이 다해 죽음에 이르렀을 때, 법의학적 해석이 다분히 들어가는 마지막 서류가 필요하다. 사망증명서가 그것이다. 이 한 장의 서류로 삶이 다했음이 증명된다. 그리고 이 서류에는 그가 누구이며, 언제 어디에서 죽었는지, 왜 어떻게 죽었는지, 질병으로 사망했다면 언제부터 아팠는지, 질병이 아닌 원인으로 죽었다면 자살인지 타살인지 사고사인지 등이 기록된다.

사망증명서라는 말이 어색할 수 있을 것 같다. 사망진단서를 잘못 쓴 것 아닌가 싶기도 할 것이다. 그러나 그렇지 않다. 사망을 증명하는 문서가 사망증명서다. 우리나라에는 사망을 증명하는 두 가지 문서가 있는데, 사망진단서와 시체검안서가 그것이다. 이

■ 의료법 시행규칙 [별지 제6호서식] <개정 2021. 6. 30.>

사망진단서(시체검안서)

※ [ ]에는 해당되는 곳에 '✔' 표시를 합니다.

등록번호			연번호			원본 대조필인	
① 성 명						② 성 별	[ ]남 [ ]여
③ 주민등록번호	-		④ 실제생년월일	년 월 일		⑤ 직 업	
⑥ 주 소							
⑦ 발 병 일 시		년 월 일 시 분 (24시간제에 따름)					
⑧ 사 망 일 시		년 월 일 시 분 (24시간제에 따름)					
⑨ 사 망 장 소	주소						
	장소	[ ] 주택 [ ] 의료기관 [ ] 사회복지시설(양로원, 보육원 등) [ ] 공공시설(학교, 운동장 등) [ ] 도로 [ ] 상업·서비스시설(상점, 호텔 등) [ ] 산업장 [ ] 농장(논밭, 축사, 양식장 등) [ ] 병원 이송 중 사망 [ ] 기타 ( )					
⑩ 사망의 원인	(가)	직접 사인				발병부터 사망까지의 기간	
※ (나)(다)(라) 에는 (가)와 직접 의학적 인과관계가 명 확한 것만을 적습니다.	(나)	(가)의 원인					
	(다)	(나)의 원인					
	(라)	(다)의 원인					
	(가)부터 (라)까지와 관계없는 그 밖의 신체상황						
	수술의사의 주요소견					수술 연월일	년 월 일
	해부의사의 주요소견						
⑪ 사망의 종류	[ ] 병사 [ ] 외인사 [ ] 기타 및 불상						
⑫ 외인 사 사항	사고 종류	[ ] 운수(교통) [ ] 중독 [ ] 추락 [ ] 익사 [ ] 화재 [ ] 기타 ( )			의도성 여부	[ ] 비의도적 사고 [ ] 자살 [ ] 타살 [ ] 미상	
	사고발생 일시	년 월 일 시 분 (24시간제에 따름)					
	사고발 생 장소	주소					
		장소	[ ] 주택 [ ] 의료기관 [ ] 사회복지시설(양로원, 보육원 등) [ ] 공공시설(학교, 운동장 등) [ ] 도로 [ ] 상업·서비스시설(상점, 호텔 등) [ ] 산업장 [ ] 농장(논밭, 축사, 양식장 등) [ ] 기타 ( )				

「의료법」 제17조 및 같은 법 시행규칙 제10조에 따라 위와 같이 진단(검안)합니다.

년 월 일

의료기관 명칭 :
주소 :

의사, 치과의사, 한의사 면허번호 제 호

성 명 : (서명 또는 인)

유 의 사 항

사망신고는 1개월 이내에 관할 구청·시청 또는 읍·면·동사무소에 신고하여야 하며, 지연 신고 및 미신고 시 과태료가 부과됩니다.

210mm × 297mm[백상지 80g/㎡(재활용품)]

사망진단서(시체검안서)

들 문서로 사람의 사망이 증명된다. 여기에는 그가 누구인지, 질병의 발병 일시와 사망 일시 및 사망 장소가 어디인지 등이 기록된다. 사망의 원인과 사망의 종류가 무엇인지, 어떤 의료기관에서 언제 누구에 의해 작성되었는지도 기록된다. 사망신고는 이 서식을 이용해 1개월 이내에 처리된다.

의료법상 사망진단서와 시체검안서는 의사, 치과의사, 한의사가 작성할 수 있다. 의료법 제17조(진단서 등) 제1항에 따르면 의료업에 종사하고 직접 진찰하거나 검안한 의사, 치과의사, 한의사가 아니면 진단서, 검안서, 증명서를 작성하여 환자 또는 형사소송법 제222조 제1항에 따라 검시를 하는 지방검찰청검사(검안서에 한한다)에게 교부하지 못한다.

다만 진료 중이던 환자가 최종 진료 시부터 48시간 이내에 사망한 경우에는 다시 진료하지 않더라도 진단서나 증명서를 내줄 수 있으며, 환자 또는 사망자를 직접 진찰하거나 검안한 의사, 치과의사 또는 한의사가 부득이한 사유로 진단서, 검안서 또는 증명서를 내줄 수 없으면 같은 의료기관에 종사하는 다른 의사, 치과의사 또는 한의사가 환자의 진료기록부 등에 따라 내줄 수 있다. 그리고 이 사망진단서 및 시체검안서 서식은 의료법 시행규칙 별지 제6호 서식에 따른다.

무언가 이상하지 않은가? 앞에서 사망증명서에는 사망진단서와 시체검안서 두 종류가 있다고 했는데 서식은 한 가지뿐이다.

서식의 제목을 보면 사망진단서와 시체검안서가 모두 기록된 것을 알 수 있다. 같은 문서라는 말일까? 사망진단서와 시체검안서가 같은 서식을 이용하고 있으니 큰 차이가 없는 것으로 보이기도 한다. 그러나 이 둘은 전혀 다른 문서로 의미부터 다르다. 하나는 '진단서'이고 다른 하나는 '검안서'다. 사망을 증명하는 문서라는 점은 같지만, 이 둘은 전혀 다른 문서다.

사망진단서와 시체검안서

 사망진단서는 사망을 진단하는 문서다. 질병이 진단된 다음 작성되는 다른 진단서처럼 한 개인의 사망에 대해 그의 사망이 진단되었을 때 작성되는 서류가 사망진단서다.

 의사가 '폐렴'이라는 한 단어를 기록한 진단서를 작성해 주려면 환자가 가장 불편해하며 호소하는 증상이 기침 또는 발열과 같은 감기 증상이었고, 실제로 체온을 측정했더니 발열이 확인되었으며, 청진기로 호흡음을 들어보니 수포음 등의 소견이 확인되어야 한다. 가슴 부위의 방사선 촬영이나 CT 검사로 허파에 병변이 있는 것이 확인되어야 하며, 혈액검사로 백혈구 수치나 염증 수치가 증가했음이 확인되어야 하고, 객담을 채취해 세균 배양 검사를 해서 폐렴의 주요 원인균이 동정 되어야 한다. 아울러 적절한 항생

제나 항염증제를 처방해 복용 또는 정주했더니 증상과 병변의 소견들이 호전되어야 한다. 이런 것이 확인되어야 비로소 이들을 종합해 진단서에 '폐렴'이라고 한 단어를 적는다.

이에 반해 사망진단서에 기록되어야 할 항목은 매우 많고 복잡하다. 얼마나 많은 정보가 확인되어야 한 사람의 사망을 진단할 수 있을까? 절대 쉽지 않다. 게다가 사망진단서는 수정하기 어렵다는 특징도 있다. 일반적인 진단서는 잘못 작성하면 수정해서 다시 발부해 주면 된다. 하지만 사망진단서는 이 서식을 통해 한 달이라는 기간 안에 행정관청에 사망신고가 이루어지고, 한 번 신고하면 돌이킬 수 없게 된다.

그뿐만 아니라 잘못된 사망진단서로 인한 결과는 회복할 길이 없다. 다른 진단서는 다시 작성해 주면 되지만 사망진단서는 그의 사망을 증명하는 것이기 때문에 이제 그는 죽은 것으로 증명되었고 그 사망진단서에 근거해서 시체는 매장되거나 화장될 수 있다. 죽은 자에게 빚이 있었다면, 이제 그는 갚을 수 없게 되었다. 죽은 자가 받을 돈이 있었다면 죽은 자에게 돈을 갚아야 하는 사람은 이제 돈을 갚지 않아도 된다. 시체 없는 살인사건은 이미 널리 알려져 있다. 잘못된 문서 한 장 때문에 발생할 수 있는 문제가 이만저만이 아니다.

반면에 시체검안서는 그 이름에서처럼 검안서로, 시체를 검안하고 그 소견을 해석해서 작성하는 서류다. 의료법에 따라 진료하고 있거나 진료한 지 48시간 이내에 환자가 사망했을 때 진료 소견에 근거해 사망을 진단하는 서류가 사망진단서이며, 이 외에 모든 죽음에서 한 개인의 사망을 증명하는 서류가 시체검안서다. 진료하던 환자가 아니기 때문에 의사가 그 사람의 사망을 진단해 줄 수 없는 경우, 즉 그 사람의 사인, 사망의 종류, 사망 시각, 질병의 진단 및 질병의 기간 등을 진단할 수 없어서 그 사람의 사망을 진단할 수 없을 때 그의 사망을 증명하는 서류가 시체검안서다. 따라서 이런 경우 의사는 시체를 검안하고 시체검안서를 통해 그의 죽음을 증명해 준다.

사망진단서와 시체검안서는 그 의미나 대상도 다르고 작성되는 근거도 다른데 같은 서식을 사용해도 괜찮을까? 나는 괜찮을 수 없다고 생각한다. 문서의 신뢰성에도 차이가 있다. 일반적인 질병의 진단서를 작성해 주듯이 여러 가지 진료 자료가 있어 그것을 종합해 작성하는 사망진단서는 어느 정도 신뢰할 수 있다. 그러나 시체검안서는 시체의 겉모습만 보고 작성하는 서류다. 시체를 검안해서 그 사람이 누구이고, 언제 죽었고, 어디에서 죽었으며, 왜 죽었고, 어떻게 죽었고, 질병에 의해 죽었다면 질병은 언제부터인지, 질병 외에 다른 원인으로 죽었다면 자살인지 타살인지 사고사인지 시신의 겉모습만 보고 알 수 있을까?

의사는 점쟁이가 아니다. 사망진단서와 시체검안서의 신뢰성에 관한 문제는 계속 있어 왔고, 부검 후 결정된 사인이나 사망의 종류를 기준으로 사망진단서와 시체검안서가 얼마나 틀렸는지를 연구한 논문도 많다. 예상할 수 있듯이 사망진단서와 비교할 때 시체검안서에서 부검감정서 결과와의 일치도가 훨씬 더 낮았다.

  그렇다면 어떻게 해야 할까? 사망진단서와 시체검안서의 서식을 분리해야 한다. 사망진단서에는 진단할 수 있는 항목들을 작성하게 해야 하고, 시체검안서는 검안을 통해 확인할 수 있는 항목들을 작성하게 해야 한다. 궁극적으로 시체검안서는 적정 법의학 수련을 받은, 법의학 자격이 있는 의사가 작성하도록 해야 한다. 사망진단서와 시체검안서 모두는 한 사람의 삶의 마지막을 정리하는 문서이므로 그에 맞는 무게를 가지고 작성되어야 한다.

한 장이 품은 삶에게

해부하지 않고 시신의 겉모습만 평가하는 검안으로 한 사람의 사망 전체를 판단하는 것은 매우 위험한 일이고, 한계가 있을 수밖에 없다. 그래서 부검에 대한 경험이 풍부한 의사가 시체검안서를 작성해야 한다. 부검을 통해 사망 후 시신의 겉모습과 내부 소견을 모두 평가해 본 의사가 검안을 시행하고 그 소견을 해석해서 시체검안서를 작성해야 한다.

아울러 잊지 말아야 할 것이 있다. 바른 교육이 있어야 한다. 사실 의사들도 시체검안서 작성을 부담스러워한다. 시체검안서를 작성하려면 시신을 평가하는 방법인 검안에 대한 적절한 교육을 받고 익힌 후에 검안을 시행하고 그 소견을 해석할 줄 알아야 한다. 모든 의사가 시체검안서를 작성할 수 있게 하려면 의사가 되기 전 모든 의대생이 검안에 대한 교육을 받아야 한다. 사후변화에 대한 교육도 있어야 하고, 이런 내용에 대한 시험이 의사고시에 포함되어야 한다. 그리고 의사면허를 취득한 후에도 지속적인 연수 교육이 있어야 한다.

하지만 우리나라에 있는 40여 개의 의과대학 중에서 법의학을 전공한 교수가 근무하는 법의학 교실이 존재하는 학교는 10여 곳에 불과하다. 이런 상황에 검안하는 방법을 제대로 교육하고 배우는 것은 불가능하다. 사실 이런 상황을 보고 있으면 답답하다는 생각이 든다. 더구나 의사면허를 취득하기 위해 치르는 의사고시에서 법의학은 시험 과목조차 아니다 보니 산 넘어 산이다.

법의학은 전문의 제도가 없다. 의료법 제77조 제1항을 보면 의사, 치과의사 또는 한의사로서 전문의가 되려면 대통령령으로 정하는 수련을 거쳐 보건복지부 장관에게 자격 인정을 받아야 한다. 전문의는 이 조항에 따라 규율된다. 그리고 전문의의 수련 및 자격 인정 등에 관한 규정 제3조 '전문의의 전문 과목'에서 전문 과목은 내과, 신경과, 정신건강의학과, 외과, 정형외과, 신경외과, 심장혈관흉부외과, 성형외과, 마취통증의학과, 산부인과, 소아청소년과, 안과, 이비인후과, 피부과, 비뇨의학과, 영상의학과, 방사선종양학과, 병리과, 진단검사의학과, 결핵과, 재활의학과, 예방의학과, 가정의학과, 응급의학과, 핵의학과 및 직업환경의학과로 되어 있다.

우리나라에서 전문의 전문 과목은 26개로 규정되어 있으며, 이들은 병원의 전공 진료 과목과 관련되어 있으므로 살아 있는 환자를 진료하지 않는 법의학에는 전문의 제도가 없다. 대신 대한법의학회에서는 법의학에 대한 자격 인증을 위해 법의학 인정의 제도를 두고 있다. 일정한 자격을 갖추고 시험을 통과한 의사에게 법의학 인정의 자격을 부여하고 있다. 시체검안서를 작성하는 의사라면 적어도 법의학 인정의여야 하지 않을까.

마지막 주소를 찾는 길, 개인식별

"과장님, 전화 왔습니다."

오늘 오전에 부검하면서 함께 했던 오 조사관의 전화였다. 오 조사관에게 전화가 온 시간은 저녁때였고, 일상적인 하루였다면 오 조사관의 전화를 받을 시간은 아니었다.

내가 일했던 국립과학수사연구원 광주과학수사연구소는 과거 폐교를 고쳐 사용하던 곳이었다. 혹시 〈사인〉이라는 드라마를 기억하는지 모르겠다. 극중 박신양 씨가 연기한 국과수 법의관 윤지훈이 살인사건의 진실을 밝히던 중에 정치적인 문제로 남부 분원으로 좌천당하는데, 윤지훈 법의관이 좌천되었던 남부 분원을 촬영한 곳이 당시 광주연구소였다. 물론 나는 좌천당해 그곳에서 근무하고 있었던 것은 아니었다.

광주연구소는 광주가 아니라 장성에 있었다. 그것도 장성 시내에서 한참 들어가야 하는 서삼면 대덕리에 있었는데, 그곳은 내비게이션이라는 문명의 이기가 없으면 찾아가기 어려울 만큼 외진 곳이었다. 내비게이션의 안내를 따라가더라도 '아무래도 여기는 아닌 것 같은데?'라는 생각으로 가던 길을 멈추고 지도를 살펴보는 것이 자연스러울 만한 곳이었고, 덕분에 내 출퇴근 시간은 1시간이 부족할 정도였다.

나는 이제 막 퇴근해 저녁을 먹으려던 참이었다.

"갑시다."

하지만 오 조사관의 전화를 받은 후 내 대답은 간단했다.

"네, 과장님. 그러면 국과수에서 뵙겠습니다."

오 조사관의 대답도 간단했다. 마치 약속이라도 되어 있었던 것처럼. 우리는 다시 국과수에서 만나기로 했고, 나는 저녁을 먹는 둥 마는 둥 하고 다시 자동차 시동을 켰다. 적지 않은 돈을 들여 세월호를 인양해야 하는지에 대해 많은 반대 의견도 있었지만, 그런 일을 하기 위해 국가가 존재하는 것이었고, 그 당시는 1,080일이라는 너무나 오랜 시간이 걸려 세월호가 수면 위로 올라와 우리가 그 모습을 볼 수 있게 된 때였다. 세월호는 바지선 위에 올려졌고, 선체 고정 등 목포항으로 이송을 위한 준비 중이었다.

따라서 우리는 언제든지 출발 대기 상태였다. 당시 나는 광주과학수사연구소 법의학과장이었고, 세월호 참사로 희생된 이들의 개인식별 업무를 맡고 있었다. 세월호 사건이 벌어진 지 3년 가까이 되었지만, 여전히 6명의 미수습자가 있었고, 우리는 세월호에서 연락이 오면 달려갈 준비를 하고 있었다. 그날, 세월호에서 뼈가 발견되었고, 개인식별을 위해 우리에게 연락이 온 것이었다.

개인식별은 어떤 사람을 그 사람이라고 인정할 수 있는 방법을 다룬다. 내가 나라는 사실을 어떻게 증명할 수 있을까? 기본적으로는 겉모습을 보면 알 수 있다. 내 얼굴과 내 말과 행동, 특유의 몸짓, 습관 등을 살펴보면 내가 나인 것을 알 수 있다. 이렇게 확인하는 것을 인지 식별이라고 한다. 알아보고 확인하는 것이다.

개인식별을 다루면서 개인적으로 2014년 세월호 참사를 언급하지 않을 수 없다. 이제 세월호 참사가 발생한 지 10년이 지났다. 충격적인 이 참사의 1차 관리는 해양경찰의 몫이었기 때문에 국

2017년 3월 28일, 바지선 위에서 촬영한 세월호

과수 소속인 나는 일정 시간이 지난 후에 개인식별 업무를 시작할 수 있었다. 처음부터는 아니었지만, 사건 초기부터 밤낮으로 많은 아이의 검안을 담당했고 마지막으로 확인된 아이의 검안도 내가 맡았다.

의료법에 따라 사망진단서 또는 시체검안서는 의사가 작성할 수 있고, 경찰, 검찰, 국과수 중에서 사망증명서를 작성할 수 있는 의사는 국과수에만 있었기 때문에 당연히 사건이 발생한 처음부터 국과수 법의관이 개인식별 업무를 맡는 것이 자연스럽고 당연했다. 하지만 당시에는 그렇지 못했다. 세월호 참사 초기에는 개인식별 역시 해양경찰에서 맡았고, 몇몇 문제가 발생했었다.

인지 식별도 개인식별의 한 가지 방법이라고 할 수 있다. 하지만 알아보고 식별한다는 것은 주관적이고 근거가 미약할 수밖에 없다. 특별히 사망한 후에 겉모습만 보고 인지 식별 방법으로 개인식별을 한다는 것은 너무 불안정하다. 애지중지 키워온 자식인데 부모가 자식을 알아보지 못하겠느냐고 할 수 있겠지만, 그렇다고 해서 개인식별이 잘못되는 사고가 없지는 않았다. 당시는 엄청난 스트레스 상황이었고, 모두가 우울한 때였다. 그런 상황일수록 전문가가 관여해야 한다. 그리고 개인식별에는 상대방이 있다는 점도 중요하다. 한 가족이 잘못 짝지어지면 그에 상응하는, 가족을 찾을 수 없는 가족이 존재할 수밖에 없다. 그래서 개인식별은 신속성과 함께 정확성이 중요하다. 그러므로 기다리고 기다려야 한다.

 인지 식별 외에 다른 방법이 있지 않을까? 물론 있다. 인지 식별 외에 지문으로 개인식별이 이루어질 수 있다. 지문은 원숭이나 침팬지를 비롯한 영장류에서도 보이고 생후 4, 5개월 정도 지나면 확인할 수 있으며, 각자가 다 다르고 죽을 때까지 변하지 않는다. 특히 우리나라는 성인인 모든 국민의 지문 데이터를 국가 차원에서 관리하고 있어서 지문을 이용해 빠르고 정확하게 개인식별이 이루어질 수 있다. 자동 지문 분류 시스템(AFIS)을 통해 수 시간이면 신원을 확인할 수 있다. 그러나 세월호 참사 때는 많은 수의 희생자가 고등학생이었기 때문에 지문 데이터가 없었고, 지문으로 개인식별을 할 수도 없었다.

 요즘에는 실종 아동 방지 등의 목적으로 미성년자나 나이와 상관없이 정신장애인, 치매 환자 등의 경우 지문을 등록할 수 있다. 경찰청 홈페이지에서 지문 사전등록을 신청하고 파출소에서 지문을 등록할 수 있다.

 인지 식별이나 지문을 통한 개인식별이 어려운 경우에는 DNA 검사를 통해 개인식별을 할 수 있다. 우리 몸을 이루고 있는 약 30조 개의 세포들 중 핵이 있는 세포 안에는 개인의 특성을 나타내는 DNA가 모두 들어 있으며, 이들 세포에서 개인의 DNA 특정 부분을 확인하면 세포별로 개인식별을 할 수 있다. DNA를 이용한 개인식별은 매우 특이적이어서, 일란성 쌍둥이가 아니라면 이번 생에서 나와 같은 DNA 형태를 보이는 나 말고 다른 사람을 만날 일은 없다.

DNA 검사로 이춘재 연쇄살인 사건의 범인이 밝혀졌고, 2021년 구미 여아 유기 사망 사건에서 외할머니가 친모로 밝혀지기도 했다. 그러나 DNA 검사가 어려운 상황도 있다. 예를 들어 시신의 부패가 심한 경우나 화재로 인해 탄화가 진행된 시신에서는 DNA 검사가 어려울 수 있다.

DNA를 이용한 개인식별이 널리 쓰이고, 개인식별에서 DNA 검사의 변별력도 강하다. 이 때문에 흔히 개인식별이라고 하면 누구나 DNA 검사를 떠올리고, 개인식별은 DNA 검사를 수행하는 연구자가 하는 것으로 짐작하곤 한다. 하지만 DNA 검사를 이용한 개인식별에도 한계가 있을 수 있으며, DNA 검사가 적절하게 이루어지려면 시신에서 적절한 검사대상물을 채취하는 것이 중요하다.

개인식별 분야에서 이런 역할을 하는 사람이 법의병리학자다. 따라서 법의병리학자는 검안이나 부검을 시행하면서 시신의 상태 등을 고려해 DNA 검사를 위한 적절한 검사대상물을 채취하고 검안 및 부검을 진행하면서 개인식별에 이용할 수 있는 시신의 특징을 확인한다. 예를 들어 흉터나 문신 및 특정 손상의 증거를 확인한다든지 몸 안에 삽입된 인공 물질 등을 확인할 수 있다. 관절치환 수술을 받은 사람이라면 부검을 통해 인공관절을 확인하고 삽입된 인공관절에서 일련번호를 확인하는 방법으로 개인식별을 할 수 있다.

이와 관련해 세월호 참사와 이에 따른 유병언 씨의 시신 확인 사건이 있었다. 당시 많은 의혹이 제기되었지만, 과학적인 근거를 부정하는 것은 바람직하지 않다. 그 시신은 고도의 부패와 사후 손괴가 진행된 상태였다. 따라서 DNA 검사가 쉽지 않았고, 뼈를 이용해서 DNA 검사가 이루어져야 했기 때문에 DNA 검사로 개인식별이 이루어지기까지 상당한 시간이 걸렸다. 그렇다고 그 결과를 부인할 수는 없고, 그 외에도 체격을 비롯해 과거 치과 치료 기록 및 손가락의 특징 등 모든 법의학적 결과가 그 시신이 유병언이라는 사실을 증명했다.

치아의 특성이나 치과 치료를 받은 흔적 등을 살펴 개인식별하는 것은 법치의학의 영역이다. 치아는 신체조직 중에서 가장 강하며, 특히 고온의 화재로 신체 손상이 심한 경우에도 치아는 남아 있을 수 있다. 이 때문에 치아를 이용한 개인식별 방법은 이런 경우에 유용하다.

개인 한 명의 문제를 넘어 가족관계를 확인하는 데 사용될 수 있는 개인식별은 한 사람의 존재를 인정하고 그가 누구인지를 밝혀 사회 안에서 그의 관계성을 회복시키는 역할을 한다. 이렇게 그가 누구이고 누구의 가족인지 확인될 때 비로소 그 시신에서 물건성은 옅어지고 그는 존엄한 사람의 시신으로서 우리에게 다가온다.

그리고 이런 개인식별을 통해 우리는 사망 사건에 따른 상처를 치유하고 유족을 위로한다.

다음의 〈기다림〉이라는 제목의 시는 돌아가신 선배 법의관께서 세월호 참사 당시 대량 재해 관련 책자를 만들며 지은 것이다. 그분은 1995년 삼풍백화점 붕괴 사고 때부터 세월호 참사에 이르기까지 법의학의 개인식별 분야에 모든 열정을 다하고 우리나라 개인식별 분야의 토대를 세우고 닦았다.

우리는 당신이 거기에 있던 것을 압니다
밝은 웃음과 벅찬 기대와 희망을 갖고 떠난 당신이
거기에 있던 것을 압니다

우리는 당신이 거기에 있던 것을 압니다
기울어져 가는 선실이 되돌려지리라고 믿으며
차오르는 물길 속에서도 다른 사람을 걱정했던 당신이
거기에 있던 것을 압니다

우리는 당신이 거기에 있던 것을 압니다
차디찬 물속에서 사랑하는 가족을 보고 싶어 하며
다른 이가 와서 구해줄 것이라고 믿었던 당신이
거기에 있던 것을 압니다

어느덧 시간은 흘러갔습니다……
몸이 부서져 가면서도 가족을 보고 싶어했던 당신
영혼이라도 꼭 사랑하는 이를 만나겠다고 다짐했던 당신

우리는 당신이 거기서 나왔을 때 만났습니다.
부서진 육신이지만 소중한 인연으로 만난 당신을
애타게 기다리는 가족 품으로 보내드렸습니다

우리는 아직도 당신이 거기에 있는 것을 압니다.
그러기에 마지막 한 사람까지 기다리겠습니다
당신을 애타게 그리는 소중한 가족 품으로 보내드리겠습니다

우리는 당신이 멀지만 가까운 곳에 있을 것을 압니다
사랑하는 가족의 따뜻한 마음을 느낄 수 있는 곳
편안한 곳에서 못다 한 꿈을 이룰 수 있는 곳

우리는 아직도 당신이 거기에 있는 것을 압니다
그러기에 우리는 아직도 당신을 기다리고 있습니다

주검이

말하는

죽음의

시간

인간이 인간으로
존재하는 순간

 화가 구스타프 클림프는 여성의 세 가지 시대를 작품으로 표현했다. 인간은 태어나서 살아가다 죽기 마련인데, 인간의 생명은 언제부터 시작할까? 이 질문에 대한 답은 어렵지 않다. 정자와 난자가 만날 때 한 인간의 생명이 시작한다고 답할 수 있다. 그럼 질문을 바꿔보자. 언제부터 인간이라고 할 수 있을까?

 정자와 난자가 만나 수정란이 될 때부터 인간이라고 할 수 있을까? 아니면 수정란이 모체의 자궁내막에 착상하기 시작할 때인 수정 후 7일 정도부터 인간이라고 할 수 있을까? 아니면 조금 더 시간이 지나 대부분의 기관이 형성되기 시작하는 수정 후 3주부터일까? 또는 기관 대부분이 형성을 마무리하고 태아라고 불리는 수정 후 10주부터 인간이라고 할 수 있을까?

〈여성의 세 가지 시대〉, 구스타프 클림트, 1905년

임산부는 10주까지는 조심해야 하고, 임신 3개월이 지나가면 안정기에 접어든다. 수정 후 10주인데 3개월(12주)이라고 하는 것은 우리가 흔히 말하는 임신주수는 수정 전 2주를 더해 계산하기 때문이다. 수정이 언제 이루어졌는지를 명확히 알기는 어렵지만, 수정이 이루어지기 직전에 여성의 마지막 월경 첫날은 명확히 알 수 있기 때문에 그날을 기준으로 임신주수를 계산한다.

아니면 태아가 자궁 밖에서도 생존할 가능성이 있는 24주 정도 후부터 인간으로 인정하는 것이 합리적일까? 그런데 태아 생존이라는 24주의 기준도 의학이 발전함에 따라 바뀔 수 있다는 맹점이 있다.

어려운 문제다. 인간의 생명을 수정될 때부터 보느냐, 아니면 자궁내막에 착상된 시점부터 보느냐에 따라 임신 초기 착상 방지 수단을 통해 생명 발생을 억제하는 방법이 피임법 중 하나가 될 수도 있고, 인공임신중절 방법의 하나가 될 수도 있다. 수정될 때부터를 인간의 시작이라고 본다면, 자궁내막에 착상하지 못하게 하는 피임법, 예를 들어 자궁 안에 경증의 염증을 일으켜 수정란의 착상을 방해하는 자궁 내 장치는 이미 수정이 이루어진 다음 자궁내막으로의 착상을 방해하는 것이기 때문에 피임이 아니라 인공임신중절이라고 할 수 있다. 반대로 모체의 자궁내막에 착상될 때부터 인간이라면, 자궁 내 장치를 통해 착상을 방지하는 것은 인간 이전에 인간 발생을 억제하는 방법이므로 피임이라고 할 수 있다.

첫 단계인 수정될 때부터 인간이라고 할 수 있을까? 어찌 보면 가장 간단해 보이지만 이것도 수월하지 않다. 수정되는 때를 언제로 해야 할지 문제가 남아 있다. 정자와 난자가 만날 때일까? 정자의 핵이 난자의 핵과 만날 때일까? 두 핵이 합쳐져 하나의 핵이 될 때일까? 수정은 약 24~48시간에 걸쳐 서서히 일어나는 사건이다. 이 48시간 중에서 언제부터 인간이라고 할 수 있을까?

하나의 핵을 이루고 분열을 시작하면 인간이라고 할 수 있을까? 이것도 쉽지 않다. 접합자, 즉 수정란이 형성된 후 분열을 시작하면 2세포기, 4세포기, 8세포기, 16세포기, 32세포기, 64세포기 등등 수정된 세포가 늘어나는데, 이 상태의 세포들 모두가 인간이 되는 것도 아니다. 오히려 많은 수의 세포는 태반 조직으로 분화하고 이 중 일부가 인간 태아를 형성한다. 따라서 이런 세포기 상태를 인간 생명체라고 하기도 어렵다. 그리고 어느 때는 이들 세포가 나뉘어 일란성 쌍둥이가 되기도 한다. 따라서 이 시기는 아직 한 인간이라고 단정하기 어려운 때라고 할 수도 있다. 게다가 이 상태의 약 50% 정도는 자궁내막에 착상되지 못하고 질 밖으로 배출되어 자연유산이 되기도 한다.

착상될 때부터 인간으로 인정하는 것은 어떨까? 정자와 난자가 만나 수정이 이루어진 후 접합자는 약 7일 정도 나팔관을 이동해 1주일쯤 후에 자궁내막에 부착되어 착상이 진행된다. 그러나 착상도 어느 한순간 이루어지는 것이 아니다. 자궁내막과 만나는 때부터 인간이라고 할 수 있을까? 아니면 자궁내막과 완전한 결합이 이루어진 때부터일까? 착상이 완성되는 것에도 1주일 정도가 소요된다. 즉 수정 후 2주일 후쯤이어야 착상이 완료된다. 게다가 착상을 인간이 시작되는 때로 판단하는 것에는 다른 문제가 있는데, 그것은 여성의 몸에서 배란의 시기를 특정하기 어렵다는 점이다. 그래서 임신주수를 계산할 때도 배란 날부터 계산하지 않고 배란 전 마지막 월경의 시작 날로 계산한다. 따라서 막연히 마지막 월경이 시작하는 날로부터 4주가 지난 다음을 인간의 시작이라고 판단하기도 어렵다.

법의학으로 보는 인간의 시작

2022년 미국 연방대법원에서는 임신 15주 이후 임신 중단을 전면 금지한 미시시피주법에 대한 위헌법률심판에서 6 대 3으로 합헌 판결을 내렸다. 이 판결로 개별 주에서 임신 중단을 금지할 수 있게 되었다. 이전에는 1973년 연방대법원이 7 대 2의 의견으로 여성의 임신 중단 권리가 보호되어야 한다고 판결했다. 이것이 유명한 '로 대 웨이드' 판결이다. 이 판결에 근거하여 임신을 3분기로 구분해 초기 3개월 기간에는 임신중절이 가능했다. 로는 낙태를 허용해달라며 텍사스주 법에 대한 위헌소송을 제기하고 주 검사였던 웨이드를 상대로 소송을 제기했다. 2022년 연방대법원의 판결로 여성의 낙태권에 대한 연방 차원의 헌법적 보호가 폐지된 것이다.

지난 2019년 4월 11일, 우리나라의 헌법재판소는 형법 제269조 제1항(자기낙태죄)과 제270조 제1항(의사낙태죄)에 대해 헌법불합치결정을 내렸다. 이 결정에 따르면 임신, 출산, 육아는 여성의 삶에 근본적이고 결정적인 영향을 미칠 수 있는 중요한 문제이고, 따라서 임신한 여성이 자신의 임신을 유지 또는 종결할지 여부를 결정하는 것은 스스로 선택한 인생관, 사회관을 바탕으로 자신이 처한 신체적·심리적·사회적·경제적 상황을 깊이 고민한 결과를 반영한다며, 이를 전인적(全人的) 결정으로 본 헌법재판소는 일방적으로 낙태를 금지하고 있는 형법은 헌법에 합치하지 않는다고 결정했다. 동시에 2020년 12월 31일을 기한으로 개정 입법이 이루어져야 하며, 그때까지 한시적으로 이 조항의 효력을 인정한다고 판시했다. 그러나 개정 입법은 그 이후로도 이루어지지 않았고, 낙태죄는 2021년 1월 1일부터 효력이 상실된 상태다.

법적으로, 그리고 법의학이 보는 인간 생명의 시작은 언제일까? 법적으로 인정되는 인간의 시작은 법에 따라 차이가 있는데, 민법에서는 태아가 출생해서 모체로부터 전부 노출되는 때를 기준으로 삼는다. 권리와 의무의 주체가 될 수 있는 권리능력을 갖는 자연인은 특수한 경우를 제외하고는 태아가 모체로부터 전부 노출한 때부터 인정하는 것이 일반적이고, 이를 전부노출설이라고 한다. 반면에 형법에서는 모체와 분리되기 전에 진통이 있으면서 분만이 시작된 때부터 태아를 인간으로 인정하고 있다. 이는 민법에서보다 조금 더 일찍 인간으로서의 생명을 보호하고자 하는 의도로 보인다. 형법에서 출생 시기가 중요한 이유는 이것이 낙태죄와 살인죄를 구분하는 기준이 되기 때문이다.

형법 제269조(낙태)

(제1항) 부녀가 약물 기타 방법으로 낙태한 때에는 1년 이하의 징역 또는 200만 원 이하의 벌금에 처한다.
(제2항) 부녀의 촉탁 또는 승낙을 받아 낙태하게 한 자도 제1항의 형과 같다.
(제3항) 제2항의 죄를 범하여 부녀를 상해에 이르게 한 때에는 3년 이하의 징역에 처한다. 사망에 이르게 한 때에는 7년 이하의 징역에 처한다.

형법 제270조(의사 등의 낙태, 부동의 낙태)

(제1항) 의사, 한의사, 조산사, 약제사 또는 약종상이 부녀의 촉탁 또는 승낙을 받아 낙태하게 한 때에는 2년 이하의 징역에 처한다.
(제2항) 부녀의 촉탁 또는 승낙 없이 낙태하게 한 자는 3년 이하의 징역에 처한다.
(제3항) 제1항 또는 제2항의 죄를 범하여 부녀를 상해에 이르게 한 때에는 5년 이하의 징역에 처한다. 사망에 이르게 한 때에는

10년 이하의 징역에 처한다.
(제4항) 전 3항의 경우에는 7년 이하의 자격정지를 병과한다.

형법 제250조(살인, 존속살해)
(제1항) 사람을 살해한 자는 사형, 무기 또는 5년 이상의 징역에 처한다.
(제2항) 자기 또는 배우자의 직계존속을 살해한 자는 사형, 무기 또는 7년 이상의 징역에 처한다.

규칙적인 진통이 시작되기 전에 태아를 살해하면 낙태죄가 적용되고, 분만이 시작된 이후 의사가 분만 중인 태아를 살해하면 그 태아는 인간으로 인정되어 낙태죄가 아니라 업무상과실치사죄가 적용된다. 태아가 아닌 사람이 사망한 것이니 치사죄이고, 의도하지 않은 과실에 의한 사망이기 때문에 과실치사죄가 적용되며, 분만이라는 의사의 업무 중에 벌어진 일이기 때문에 업무상과실치사죄가 적용되는 것이다.

형법 제267조(과실치사)
과실로 인하여 사람을 사망에 이르게 한 자는 2년 이하의 금고 또는 700만 원 이하의 벌금에 처한다.

형법 제268조(업무상과실·중과실 치사상)
업무상과실 또는 중대한 과실로 사람을 사망이나 상해에 이르게 한 자는 5년 이하의 금고 또는 2천만 원 이하의 벌금에 처한다.

따라서 법의 병리학자는 태아나 신생아의 시신이 발견되면 태아의 재태주령(임신주수)을 추정해야 하고, 태아 또는 신생아가 죽은 상태에서 분만되었는지, 분만 중 사망했는지, 또는 출산 후 사망했는지를 평가해야 한다. 물론 이런 평가는 쉽지 않다. 태아와 신생아의 특성을 알아야 하고, 부검 및 사후검사로 이를 평가하고 해석할 수 있어야 한다. 또한 생활반응을 알아야 하고, 그 소견을 해석할 수 있어야 한다. 생명이 언제부터 시작되었는지를 확인하기 위해서도 법의학자의 눈이 필요하다.

생활반응으로 읽는
그날

 택배기사인 김 씨는 마음이 바빴다. 오늘 배정된 물량을 모두 소화하려면 바쁘게 움직여야 했는데, 앞차가 답답하게 운전하는 것이 아닌가. 화도 나고 경적도 몇 번 울렸다. 앞지르기라도 해보려고 했는데, 구불구불한 내리막길이었기 때문에 함부로 중앙차선을 넘는 것은 위험해 보였다.

 '천천히 갈 거면 양보라도 해 주지. 도로를 전세 냈구먼!'

 속으로 욕지거리를 하지 않을 수 없었다.

 그런데 앞차가 이상했다. 아까는 속도를 줄이고 천천히 가더니 신호가 바뀌어도 바로 출발하지 않기도 했는데, 멀리 바다가 보이는 경사가 급한 내리막길에서는 속도를 내기 시작하더니 중앙선을 넘으면서 갈지자로 내려가는 것이 아닌가.

택배기사였던 김 씨는 이 길을 잘 알고 있었다. 곧 급히 우회전해야 하는 도로였다. 위험을 직감한 김 씨는 속도를 줄이며 천천히 따라갔다. 언제나 사고는 순간에 발생한다. 어떻게 손쓸 새도 없이 결국 일이 터졌다. 이상하게 움직이던 트럭이 급한 우회전 길에서 속도를 줄이지 못하고 왼쪽으로 전도되었다. 좌전도 된 트럭은 도로 위에서 미끄러지면서 중앙선을 넘어 도로변 건물들을 덮쳤다. 곧이어 '펑' 소리가 나며 불꽃이 튀었고 불이 나기 시작했다. 뒤따라가던 김 씨의 옆에 서 있던 전봇대의 전선들까지 늘어져 내려왔다. 트럭이 전봇대를 덮치면서 전선이 끊어지며 불이 난 것이다. '펑' 터지는 소리를 듣고 사람들이 하나둘 건물 안에서 나오기 시작했다. 어떤 사람은 휴대전화를 들어 신고하는 듯했고, 어떤 사람은 사진을 찍었다.

법의학의 눈으로 보는 살아 있는 인간은 생활반응이 있는 인간이다. 생활반응이란 살아 있는 생체로서 외부와 내부의 자극에 대한 생물학적 반응을 말한다. 생활반응의 대표적인 경우가 치유 반응이다. 치유는 살아 있는 사람의 특징이다. 당연하게도 죽은 사람에서는 치유 작용이 나타나지 않는다. 죽은 사람은 뇌를 이루고 있는 신경세포는 물론이고 심장을 이루는 심근세포에서 피부의 모낭세포에 이르기까지 신체를 이루는 모든 세포에서 생명 활동이 마무리되었으므로 치유라는 작용이 나타날 수 없다. 치유와 같은 반응은 살아 있는 생체에서 이루어지고, 이런 생명의 작용을 확인하는 것이 법의학자가 죽은 자의 말을 듣는 방법 중 하나다.

주택에서 화재가 발생했다고 가정해 보자. 소방관이 화재를 진압했고, 내부에서 불에 탄 시신이 발견되었다. 불에 탄 시신을 법의학에서는 탄화 시체라고 하는데, 탄화 시체가 발견되었을 때 우선 탄화 시체의 신원을 확인하는 것이 중요하다. 시신의 특징을 확인하고, 가능하다면 DNA 검사로 신원을 확인할 수 있다.

다음으로 중요한 것은 그가 살아 있을 때 화재가 발생했는지 사망한 후에 화재가 발생했는지를 구분하는 것이다. 살아 있을 때 화재가 발생했다면 전기적 문제 등 사고에 의해 화재가 발생했을 가능성을 먼저 고려할 수 있겠지만, 만약 죽은 후에 화재가 발생했다면 누군가 그를 살해한 후에 살해 현장을 감추고 증거를 인멸하기 위해 방화했을 가능성을 먼저 생각해야 하기 때문이다.

살아 있는 상태에서 불이 났다면, 열에 대한 반응으로 피부에 화상을 입었을 것이다. 피부에 발적의 변화가 나타나고 수포가 발생하는 등의 생활반응이 있었을 것이다. 살아 있는 생체로서 숨을 쉬었을 것이므로 기도 안에는 그을음이 묻어 있을 것이다. 화재 현장에서는 일산화탄소가 발생했을 것이므로 그 사람은 일산화탄소를 들이마셨을 테고, 일산화탄소는 허파꽈리 안에서 혈액 안으로 흡수되어 혈액에 있는 헤모글로빈과 결합해 혈중 일산화탄소-헤모글로빈 농도가 증가했을 것이다.

법의학자는 이런 소견을 검안, 부검 및 사후검사들을 통해 확인하고 종합해 해석함으로써 탄화 시체로 발견된 사람이 사망하기 전에 화재가 발생했는지 사망한 후에 화재가 발생했는지 죽은 사람의 말을 들을 수 있다. 부검은 '스스로 봄'으로써 죽은 사람의 무언(無言)의 말을 듣는 것이다.

이런 생활반응은 국소적 생활반응과 전신적 생활반응으로 나눌 수 있는데, 국소적 생활반응으로 상처 부위의 치유 및 손상 부위의 출혈을 예로 들 수 있고, 전신적 생활반응으로는 색전증이 대표적이다.

시신이 칼에 찔리면 피가 날까? 결론부터 말하면, 칼에 찔리더라도 시신에서는 피가 나지 않는다. 그래서 출혈은 생활반응으로 인정된다. 피가 나는 출혈은 심장이 뒤에서 펌프 작용을 해서 피를 밀어주고 그 힘으로 손상된 혈관을 통해 피가 밖으로 빠져나오는 것을 말한다. 따라서 심장이 펌프 작용을 하지 않는 시신에서는 피가 나지 않는다. 잘린 혈관을 통해 그곳에 고여 있던 혈액이 조금 흘러나오지만, 이런 혈액은 주위 조직으로 스며들지 못한다.

시신에서 다양한 상처가 확인되었는데, 일부는 출혈이 동반되지 않은 상처이고 일부는 출혈이 동반된 상처가 있다면, 이 중에서 출혈이 동반된 상처가 사망 전에 입은 상처이자 사인이 될 수 있는 상처다. 유사하게 심폐소생술에 따라 발생한 갈비뼈 골절 등의 손상에서는 출혈이 미약한 것이 특징이다. 물론 죽은 사람으로부터 이런 이야기를 들으려면 그들과 오래 마주한 법의학자의 눈과

손길이 필요하다.

　사람이 죽으면 피가 굳을 것으로 짐작하기 쉽다. 피가 굳는다는 것을 어떻게 정의하느냐에 따라 다를 수 있다. 하지만 살아 있는 사람에게서 피가 날 때 발생하는 혈액의 응고를 피가 굳는다고 표현한다면, 죽는다고 해서 피가 굳지는 않는다. 이 때문에 살아 있는 사람의 혈관에서 주사기를 이용해 혈액을 채취하듯 시신에서도 주사기를 이용해 사후 혈액을 채취할 수 있다. 사망한 사람에게서 혈액 응고가 일어나지 않는 이유는 혈액의 응고 반응이 일어나는 것에도 에너지가 사용되기 때문이다. 죽은 사람의 죽은 세포는 에너지를 만들어낼 수 없다. 따라서 에너지가 사용되는 혈액의 응고 반응은 죽은 사람의 혈액에서는 일어날 수 없다.

　전신적 생활반응인 색전증은 혈관 안에 있는 어떤 물질이 혈관의 먼 곳으로 가서 지름이 좁은 작은 혈관 안 공간을 막는 것을 말한다. 이런 물질에는 여러 가지가 있을 수 있는데, 혈관 안에서 형성된 혈전일 수 있고, 외부에서 손상된 혈관 안으로 들어간 공기, 지방 물질 등일 수도 있다. 병원에서 정맥에 수액을 연결하는 시술을 받고 나서 수액 줄 안에 있는 공기를 제거하는 모습을 본 적이 있을지 모르겠다. 이런 처치는 혈관에 공기가 주입되면서 생기는 공기색전증을 예방하기 위한 행위다. 물론 이 정도의 공기는 몸 안에 들어가도 문제를 일으키지는 않는다.

　색전증 역시 심장박동으로 인해 피가 순환할 때 일어나는 일이기 때문에 생활반응이라고 할 수 있다. 시신에서 색전증에 의한 소견이 확인된다면, 이는 사망 전에 발생한 것이다.

트럭 운전사는 어떻게 된 것이었을까? 트럭 운전사의 말을 듣기 위해 부검이 시행되었다. 사고가 발생한 후에 불이 났기 때문에 시신은 탄화 시체의 상태였다. 이미 새까맣게 타 버려 얼굴의 모습은 확인할 수 없었다. 탄화되며 주로 굽힘근육이 변성되며 수축했기 때문에 팔꿈치와 손목과 엉덩관절 및 무릎을 굽히고 있어 그는 마치 싸우려는 자세를 한 권투 선수의 모습 같았다.

부검 중 왼쪽 위에서 오른쪽 아래쪽으로의 방향이 인정되는 미약한 출혈이 가슴에서 확인되었다. 이 출혈을 보니 이분은 운전자가 맞았고, 사고 전 안전띠를 매고 있었음을 알 수 있었다. 조수석에 앉았다면 오른쪽 위에서 왼쪽 아래 방향의 출혈이 있었으리라. 이런 사실을 확인하는 것은 교통사고로 인한 사망 사건의 부검에서 매우 중요하다. 보험의 문제가 있기 때문이다.

그런데 탄화 시체였지만 기도 안에서 그을음이 확인되지 않았다. 그리고 부검을 하면서 채취한 혈액을 이용한 검사에서는 혈중 일산화탄소-헤모글로빈 농도가 1%로 확인되었다. 이 말은 사고가 나고 화재가 발생했을 당시 이 운전자는 숨을 쉬고 있지 않았다는 뜻이다. 교통사고 당시 운전자는 이미 사망한 상태였다. 그래서 그렇게 운전을 했으리라.

부검을 좀 더 진행했을 때, 운전자가 들려주는 다른 말을 들을 수 있었다. 트럭 운전사는 과거에 대동맥 판막 치환술을 받았던 환자였다. 그리고 그는 내게 최근에 협심증을 앓고 있었다고 말했다. 혈액검사에서는 고혈압 치료를 위한 혈압강하제가 확인되었고, 진통제도 검출되었다. 트럭 운전사는 협심증의 통증을 진통제로 참아가며 일을 했을 것이다. 그리고 어느 날 바다가 보이는 언덕길에서 심장 질환의 급성 발증에 의해 사망했고, 그것이 그의 마지막 운전이 되었다.

법의학과 생명의 끝

 치유는 살아 있는 사람의 특징이다. 당연하게도 죽은 사람에서는 치유 작용이 나타나지 않는다. 내 세포까지 모든 생명 활동이 마무리되었으니 치유라는 작용이 나타나지 않는다. 그렇다면 죽었다는 것은 무엇일까? 언제부터 죽었다고 할 수 있을까?

 죽음과 죽음의 시기를 정의하는 것은 추상적일 수 있으므로 구체화해서 심장을 들여다보자. 심장 상태는 심전도 검사로 알아볼 수 있는데, 심전도가 어떤 상태여야 심장이 멈추었다고 할 수 있을까? 우리가 의학 드라마나 영화에서 흔히 보듯 심전도 검사에서 어떤 파형이 나오지 않고 일자 모양의 선이면 심장이 멈추었다고 한다.

 그런데 영화나 드라마에서 심전도 검사에서 일자를 보이면 의사들이 어떻게 했는지 기억나는가? 심전도에서 일자 모양의 선을 나타내면서 파형이 나오지 않아도 의사가 바로 사망선고를 하지는 않았을 것이다. 영화 속에서 의사는 다급한 모습으로 두 손을 모아 환자의 가슴 부위를 압박하기 시작했을 것이다. 심전도에서 일자의 형태가 나타나면 심장이 멈춘 것이고, 심장이 멈추었다면 환자는 죽은 것이니 사망선고를 하면 될 텐데 왜 의사는 사망선고 대신 가슴 압박을 할까?

  심전도가 일자 모양이 되었다고 해서 심장이 멈추었다거나 심장이 죽었다고 할 수 없다. 심전도는 말 그대로 심장의 전기신호를 나타내 보여주는 것이다. 엄격하게 말하면 심전도가 일자 모양이 되었다는 것은 심장에서 전기신호가 없어졌다는 것을 의미한다. 물론 심장이 죽으면 심장에서 전기신호가 나타나지 않을 것이다. 그러나 그것이 심장이 죽었다는 필요충분조건이 되는 것은 아니다. 심장을 이루는 수많은 심근세포 중에서 일부는 죽었을지 모르지만, 심장의 전기신호가 나오지 않는다고 해서 심장 전체가 죽었다고 할 수는 없다.

  이와는 반대로 심장에서 전기신호가 나오기는 하지만 맥박이 없는 경우도 있다. 이런 형태의 전기신호를 무맥성 전기 활동(PEA)이라고 한다. 의사들은 심전도가 일자 모양을 보이면 흉부를 압박해 심장을 억지로 뛰게 함으로써 심장을 이루는 심근세포에 피를 공급하고 다른 장기에도 피를 공급할 수 있도록 한다. 가슴을 압박하는 것은 다른 한편으로는 심장을 물리적으로 자극해서 심장의 전기신호가 돌아올 수 있도록 유도하는 것이기도 하다.

 이렇게 해서 심장의 전기신호가 돌아오면 그때 전기충격을 진행한다. 심장의 전기신호가 돌아왔지만, 대부분은 정상적인 전기신호가 아닌 이상한 형태로 돌아오기 때문에 특정 부정맥 상태로 심장의 전기신호가 돌아왔을 때 강한 전기자극을 줘서 심장의 전기신호를 초기화한다. 이것이 흔히 말하는 전기충격(제세동)이다. 세동(떨림)이라는 부정맥 상태를 제거한다는 의미다.

 2016년 영화 〈닥터 스트레인지〉를 보면, 주인공 닥터 스트레인지가 사경을 헤맬 때의 모습이 나온다. 심폐소생술이 행해지고, 그의 영혼으로 생각되는 반투명해진 닥터 스트레인지가 악당과 싸우는 모습이 나온다. 한참 동안 그런 상태로 날아다니면서 싸우다가 심폐소생술 및 제세동으로 심장이 정상 리듬을 찾으면 날아다니던 영혼은 다시 육체와 결합하고, 그는 살아난다. 죽음의 가역성(可逆性)을 보여주는 장면이다. 심폐정지라는 죽음의 정의에서 심정지는 이런 과정을 두고 하는 말이다.

 그렇다면 심폐소생술은 얼마 동안 해야 할까? 다른 말로 바꾸면 사망선고는 언제 해야 할까? 심장의 전기신호가 사라져 가슴 압박 등 심폐소생술을 시행했는데, 하염없이 심폐소생술을 지속할 수는 없다. 30분이면 적당할까, 아니면 1시간 정도? 심폐소생술을 언제까지 해야 한다는 원칙은 없다. 다만 심폐소생술을 시행하

〈죽음의 섬〉, 아놀드 뵈클린, 1883년

는 의사가 자신의 경험과 지식으로 환자의 심장이 돌아오지 않을 것으로 판단될 때까지 하면 된다. 언제부터 사람인지 단정해 말하기 어려웠던 것처럼, 사람의 죽음 역시 칼로 무 자르듯 어느 특정 순간부터라고 하기 어렵다. 이처럼 진행되는 과정을 통해 심폐정지가 완성된다. 즉, 이런 과정을 통해서 사람은 죽는다.

마치 뱃사공 카론의 인도를 받아 스틱스강을 건너는 죽은 자의 모습을 그린 아놀드 뵈클린의 〈죽음의 섬〉과 같이 심폐소생술 과정 중에 있는 사람은 아직 죽음의 섬에 도착하지 않아 되돌릴 기회가 남아 있는 자일지 모른다.

혹시 죽은 후에 시신에서 수염이 자랐다는 말을 들어본 적 있는가? 죽은 사람인데 어떻게 수염이 자라느냐고 되물을 수 있겠다. 그런데 돌아가신 분을 염하면서 깨끗하게 면도해 드렸는데, 사흘 후 매장하기 전에 마지막으로 보니 수염이 조금 자란 듯하다는 이들도 있다. 정말 이런 일이 있을까? 생각해 보면 그럴 수 있다.

죽음은 어느 한순간이기보다는 일정한 과정을 거치며 일어나는 현상이다. 심폐가 정지되고, 그다음 다른 장기들이 죽는다. 장기 안에서도 특정 조직들이 먼저 죽고 다른 어떤 조직들은 나중에 죽는다. 조직 안에서도 특정 세포들은 먼저 죽고 어떤 다른 세포들은 나중에 죽는다. 우리가 흔히 골든 타임이라고 부르는 시간도 장기에 따라 각각 다르다. 급성 심근경색증의 골든 타임은 흉통이 발생하고 나서 2시간 이내이며, 뇌경색의 경우 골든 타임은 4~5

시간 정도다.

  우리 몸에서 혈액을 가장 많이 사용하는 장기도 다르다. 뇌와 간, 콩팥 등의 장기가 심장으로부터 뿜어져 나온 혈액을 가장 많이 받는다. 우리 몸무게를 평균 75kg이라고 하면 뇌는 약 1,500g으로 전체 몸무게의 2%밖에 되지 않지만, 혈액의 약 20%를 공급받는다. 그러나 피부에 있는, 털을 만드는 모낭세포는 상대적으로 혈액을 조금밖에 받지 않고, 이런 세포들은 당장 피가 오지 않는다고 해서 바로 죽지 않을 수 있다. 심장은 멈추었지만, 이런 세포들은 여전히 살아 있어 한동안 털을 만들 수도 있다. 그렇다면 죽은 후에 시신에서 수염이 자랐다는 말이 사실이지 않을까?

  다른 설명도 가능하다. 사람이 사망하면 피부는 건조되고 근육은 수축한 상태로 굳어진다. 피부는 건조되어 쪼그라들고 털세움근은 수축한 상태로 굳어지면 털이 자란 것처럼 보일 수도 있다.

마음의 행방

마음은 어디에 있을까? 과학적으로 따지면 마음은 뇌의 작용이라고 해야 한다. 그런데 마음을 짚어보라고 할 때 손으로 머리를 짚는 사람이 있을까? 대부분은 자신의 가슴에 손을 얹을 것이다.

우리 몸에는 여러 기관이 존재한다. 우리가 알듯이 생명의 기본 단위는 세포다. 형태와 기능이 비슷한 세포들이 모여 조직을 이룬다. 예를 들어 피부를 이루는 상피조직, 뇌를 이루는 신경조직 등이다. 이런 여러 조직이 모여 특정한 형태를 이루고, 이들이 고유한 기능을 수행하면 기관이라고 한다. 심장, 뇌, 허파 등이 기관이다. 여러 기관이 모여 서로 일관된 작용을 해서 공통된 기능을 감당하면 이를 기관계라고 한다. 소화계는 식도, 위, 작은창자, 큰창자, 간, 쓸개 등의 기관들이 모여 음식물을 섭취하고 소화해 흡수

하는 기능을 감당한다. 그 외에도 신경계, 순환계, 호흡계 등의 기관계들이 모이면 하나의 개체가 된다. 우리 몸은 이렇게 이루어져 있다.

우리 몸에는 여러 기관이 존재한다. 몸을 구성하는 많은 기관 중에서 가장 헌신적인 기관은 무엇일까? 모든 기관이 저마다 헌신적이겠지만, 나는 우리 몸에서 가장 헌신적인 기관은 심장이라고 생각한다. 흔히 심장이 멈추면 죽었다고 하지 않는가.

20년이 더 되었을 때다. 의과대학 본과 1학년일 때 소아 심장학을 강의하던 교수님께서 수업 시간에 하신 말씀이 생각난다.

"우리 몸에서 심장만큼 헌신적인 기관은 없다."

미국심장학회에 따르면 사람의 심장박동은 1분에 60회에서 100회를 뛰는 것이 정상이다. 이는 성인 기준이고, 어릴 때 심장은 더 빨리 뛴다. 평생 1분에 평균적으로 80회를 뛴다고 가정하면 1시간은 60분이고, 하루는 1,440분이고, 1년은 52만 5,600분이다. 사람이 80년을 산다고 가정하면 80년은 4,200만 분이니 심장은 평생 34억 번 이상 뛰는 것이다. 잠시도 쉬지 않고 이렇게 뛸 수 있는 심장은 참 대단하다.

사실 헌신적인 심장은 어릴 때뿐만 아니라 운동을 하거나 스트레스를 받을 때도 평소보다 더 빨리 뛴다. 따라서 약 34억 번이라는 수치는 상당히 적게 잡은 셈이다. 살아 있는 시간 동안 단 한 순간도 심장이 뛰지 않는 순간은 없다. 엄마 뱃속에 있다가 이 세상에 처음 나와서 울 때부터 마지막에 눈을 감는 때까지 말이다. 심지어 엄마 뱃속에 있을 때부터 심장은 뛰고 있다. 게다가 심장 박동은 매우 규칙적이기까지 하다.

그런데 이 심장이 대충 뛰는 것도 아니다. 흔히 정상혈압은 수축기혈압 120㎜Hg(밀리미터수은주), 이완기혈압 80㎜Hg라고 한다. 이 말은 심장이 한 번 수축해서 혈액을 대동맥으로 뿜어낼 때 수축하는 압력이 120㎜Hg 정도라는 뜻이다. 물론 운동하거나 스트레스를 받으면 더 높은 압력으로 피를 뿜어낸다. 고혈압이 있다면 운동하거나 스트레스를 받지 않아도 늘 더 높은 압력으로 심장이 수축하고 있다는 것이다.

그런데 이 120㎜Hg는 보통 압력이 아니다. 17세기 과학자 토리첼리는 수은을 넣은 수조에 1㎠ 단면적을 가진 1.2m의 유리관을 세워, 유리관의 760㎜까지 올라가는 기압을 1기압으로 정의했다. 수은의 비중이 13.6 정도이기 때문에 수은이 아니라 물을 이용했다면 물기둥은 10m 이상 올라갔을 것이다. 1기압인 곳에서 우리가 지금, 이 순간에도 머리 위에 이고 있는 하늘 끝에서부터의 공기 무게가 이 정도인데, 심장이 뛰고 있는 혈압 120㎜Hg를 물기둥으로 바꾸면 심장이 한 번 뛸 때 약 1.6m 물기둥을 만들 정도로 수축하고 있는 것이다. 평생 동안 1.6m의 물기둥을 최소한 34억 번 만들고 있다니 놀라지 않을 수 없다.

더 놀라운 것은 이렇게 엄청나게 일하는 심장의 크기가 생각보다 작다는 점이다. 옆 그림은 스페인 화가 엔리케 시모네가 1890년에 그린 것으로, 작품 이름은 〈부검〉 또는 〈심장의 해부〉다.

이 그림을 보면, 부검하는 의사와 침대에 누워 있는 한 여성이 있다. 지금은 이런 환경에서 부검하지 않지만, 당시에는 그랬나 보다. 침대에 누워 있는 여성의 가슴 중앙 부위는 천으로 덮여 있고, 부검하는 남성의 왼손에는 심장이 하나 들려 있다. 누워 있는 여성의 심장으로 보인다. 그런데 심장의 크기가 한 손으로 잡을 수 있는 정도에 불과하다. 실제로도 그렇다. 자기 심장은 자기 주먹 정도의 크기라고 할 수 있다. 물론 남성의 심장이 여성의 심장보다 좀 더 크기는 하지만, 대충 자기의 심장은 자신의 주먹 정도의 크기라고 할 수 있다.

심장은 헌신적으로 엄청난 일을 하고 있지만, 우직해서 티를 내지 않는다. 자기 심장이 뛰고 있는 것을 느끼는가? 내 심장이 뛰고 있다는 것을 내가 몰라야 정상이다. 그때가 평안한 상태다. 심장은 우직해서 티도 내지 않고 한순간도 쉬지 않으면서 몸에 있는 다른 모든 기관에 피를 공급해 주면서 나를 살려주고 있다.

혹시 운동하거나 스트레스를 받는 등 특별한 상황이 아닌데도 심장이 뛰는 것이 늘 느끼고 있다면 병원에 가서 진료를 받아보는 것이 좋다. 내과, 그중에서 순환기내과에 가서 진료를 받는 것이 좋겠고, 심전도 검사를 받을 것을 권한다.

우리는 의지에 따라 1분 정도라도 숨을 잠시 참을 수 있지만, 심

〈부검〉, 엔리케 시모네, 1890년

장은 너무도 소중하므로 잠시라도 우리 의지대로 심장을 멈추게 할 수 없다. 그리고 운동을 하거나 스트레스를 받는 등 특별한 상황이 아니면 심장이 뛰는 것을 느낄 수도 없다. 심장은 가슴 속에서 엄청난 압력으로 피를 쉼 없이 뿜어내면서도 우리가 눈치채지 못하게 묵묵히 일하고 있다.

나는 의학을 배우기 시작했을 때부터 심장이 좋았다. 의대에 입학하고 본과 1학년 때 해부 실습을 하면서 심장을 처음 접했을 때, 심장의 적당한 크기가 마음에 들었고, 원추 형태의 심장 모양도 마음에 들었다. 근육으로 이루어진 심장의 단단함도 그랬다.

의대 교과과정 중에서 일반적으로 해부 실습은 본과 1학년 때 한다. 본과 1학년 해부 실습을 마치고 본과 2학년이 된 후 나는 심장 해부를 다시 해보고 싶은 마음에 1학년인 척하고 해부 실습실에 들어가 다시 수업을 들은 적이 있다. 당시에는 내가 법의 병리학을 전공하리라고는 생각하지 못했다. 그 뒤로 의사면허를 취득하고 병리과 전문의 자격을 취득한 후 법의학 인정의가 되어 지금까지 2천 개가 넘은 심장을 해부했다.

마음은 어디에 있을까? 당연하게도 마음은 뇌에 있다고 보는 것이 맞다. 하지만 심적으로는 마음은 심장에 있다고 말하고 싶다. 혈액 순환론을 주장한 윌리엄 하비 역시 아리스토텔레스의 생각처럼 심장을 인간 생명력의 근원인 장기로 생각했다. 역시 마음은 심장에 있지 않을까.

심장에 의한 사후 심판

 고대 이집트에서는 죽은 사람들이 사후세계에서 심판을 받는다고 믿었다. 그 심판을 잘 보여주는 문헌이 《사자(死者)의 서(書)》로, 다음 페이지 그림은 그 내용을 잘 보여준다.

 이 그림은 왼쪽에서부터 죽은 사람이 심판 자리에 와서 사후 심판을 받는 모습을 보여주는데, 가장 왼쪽에 흰옷을 입고 있는 사람이 죽은 사람이다. 그와 손을 잡고 죽음의 세계에서 심판의 자리로 인도해 주는 신이 있는데, 이 신은 자칼의 머리를 한 아누비스다. 오른쪽을 보면, 양팔 저울의 가운데에서 아누비스가 하얀 제단에 올라가서 커다란 양팔 저울에 무언가의 무게를 측정하고 있다. 양팔 저울의 왼쪽에는 깃털이 세워져 있는데, 이 깃털은 법과 정의, 조화, 진리, 지혜의 여신인 마아트의 상징이다. 그리고 양팔 저울의 오른쪽에는 둥근 형태를 한 조그만 물체가 있는데, 이것은 죽은 사람의 심장이다.

이 그림은 정의의 여신을 상징하는 깃털과 죽은 사람의 심장 무게를 비교하는 방법으로 죽은 사람이 심판받고 있는 모습을 그린 것이다. 만약 죽은 사람이 정의롭게 살지 않았다면 마아트의 깃털보다 심장이 무거워 아래로 내려가고 정의롭게 살았다면 심장이 내려가지 않는다. 그런데, 아무리 그래도 깃털과 심장의 무게 대결이라니. 심장이 너무 불리해 보인다.

만약 심장이 깃털보다 더 무거워 저울이 아래로 내려가면 암무트라는 괴물이 죽은 사람의 심장을 먹어서 없애버린다. 암무트는 악어의 얼굴과 사자의 앞다리, 하마의 뒷다리를 하고 있다. 이집트에서 무서운 것은 다 붙여놓은 것으로 보인다. 이 그림에서 암무트는 저울에 심장의 무게를 달고 있는 아누비스 건너편에 있다.

만약 심장과 깃털이 수평을 이루면 매의 얼굴을 한 태양의 신이

《사자의 서》 중 심장의 무게 달기(BC 1275년경)

자 파라오의 상징인 호루스가 죽은 사람을 인도해 죽음과 부활의 신인 오시리스 앞에 서게 한다. 이 그림에서 하얀 얼굴을 하고 오른팔을 들어 죽은 사람을 인도하는 신이 호루스이고, 가장 오른쪽에 하얀 모자와 옷을 입고 초록색 얼굴로 의자에 앉아 있는 신이 오시리스다. 오시리스 뒤에는 오시리스의 아내와 딸이 오시리스를 보좌하고 있고, 오시리스 앞에는 모든 것을 볼 수 있는 호루스의 눈이 보인다.

 이렇게 고대 이집트 신화에서는 한 사람의 삶을 그의 심장 무게로 판단할 수 있다고 생각했다. 한 사람의 삶 전체까지는 아니지만, 법의 병리학자에게도 죽은 사람의 심장 무게를 측정하는 것은 매우 중요하다. 심장의 무게가 증가하는 심장 비후는 심장이 장기간 스트레스를 받았음을 의미하고, 스트레스를 받아 이차적으로 무게가 증가한 심장은 그 자체로 사람을 사망에 이르게 할 수 있기 때문이다. 성인 남성의 경우 정상 심장의 무게는 300~350g 정도이고, 성인 여성의 정상 심장의 무게는 250~300g 정도다.

 고대 이집트의 아누비스뿐만 아니라 현재 법의학자들에게도 심장의 무게는 중요하다. 고대 이집트 사람들이 심장의 무게로 그 사람의 삶을 판단했다면, 법의 병리학자는 심장의 무게로 그 사람의 죽음을 진단한다. 마치 아누비스처럼 심장의 무게를 측정하고 심장을 평가하는 것은 부검 중 법의 병리학자에게도 필수적인 일이다.

죽지 않는 삶은 가능할까

 흔히 심장이 멈추면 죽었다고 말한다. 그렇다면 심장을 계속 뛰게 하면 죽지 않을 수 있을까? 맞다. 그럴 수 있다. 어떻게 심장을 계속 뛰게 할 수 있을까? 우선 강심제를 먹으면 그럴 수 있다. 여러 가지 약물이 심장을 뛰게 할 수 있는데, 그중 디기톡신, 디곡신이 있다. 이 약은 비슷한 이름을 가진 디기탈리스라는 식물에서 유래했다. 이 디기탈리스는 7, 8월에 통 모양의 꽃을 피우는 다년생 풀로, 그 이름은 '손가락'을 뜻하는 라틴어 digitus에서 유래했다. 디기탈리스 꽃이 장갑의 손가락 모양과 비슷하다고 해서 붙은 이름이다.

 디기탈리스에는 강심제 성분이 들어 있는데, 특히 잎에 많다. 디기탈리스에서 강심제 성분을 분리한 사람은 윌리엄 위더링이라

디기탈리스

는 영국인 의사다. 그는 심장 기능이 떨어져 부종이 발생한 환자를 치료하던 중 특정 풀을 먹고 환자의 증상이 호전된 것을 확인했다. 환자에게 처방해 준 민간 치료사인 집시 여인으로부터 처방 내용을 받아 그 풀들을 조사했고, 그중에서 디기탈리스가 효과 있음을 알아냈다. 디기탈리스에서 확인된 약물인 디곡신 등은 지금도 심부전 환자에게 사용되고 있는 약물이다.

디기탈리스는 빈센트 반 고흐가 복용한 약으로도 알려져 있다. 고흐는 양극성 장애 등 정신질환이나 측두엽 간질 등이 있었던 것으로 생각되는데, 고흐는 동생 테오 반 고흐의 추천을 받아 당시 파리의 화가들 사이에서 유명한 의사였던 폴 가셰에게 진료를 받는다. 테오는 성공한 미술상이었고, 고흐가 가셰에게 진료를 받을 때는 고흐가 사망한 해인 1890년이었다. 가셰는 고흐 외에도 폴 세잔, 르누아르, 마네 등을 치료했는데, 자신도 우울증 환자였다고 한다.

고흐가 사망 전에 그린 〈가셰 박사의 초상〉을 보면 의사 가셰 앞에 디기탈리스가 놓여 있다. 당시 디기탈리스는 간질과 조증 상태의 치료에 사용되었다. 디기탈리스는 과거에 부종을 치료하기 위해 사용되었지만, 간질에는 효과가 없고, 현재도 간질 치료제로 사용되고 있지 않다. 잘못된 사용이었지만, 당시에는 일반적으로 그렇게 사용되었으니 나무라기 어려울 것이다.

디기탈리스를 장기간 섭취하면 드물게 눈에 빌리루빈이 침착되면서 세상이 노랗게 보이는 황시증이 발생할 수 있다. 이를 근거로 혹자는 고흐가 노란색을 그림에 많이 사용한 원인이 가셰가 처방해 준 디기탈리스 때문이라고 주장하기도 한다.

  이에 대한 반론도 있는데, 고흐가 가셰에게 치료받은 기간은 2달 정도이고, 2달 정도의 치료로 황색증이 생기는 것은 부자연스럽다는 것이다. 또한 가셰는 약물을 신중하게 사용하는 것으로 유명했으며, 디곡신 약물 사용에 관한 논문을 썼을 만큼 디기탈리스에 대해 잘 알고 있었다고 한다. 마지막으로 고흐는 가셰에게 치료받은 1890년뿐만 아니라 그가 이전에 그린 작품들에도 노란색을 많이 사용한 점을 보면 고흐가 디기탈리스 사용에 의한 황색증 때문에 노란색 물감을 많이 사용한 것은 아닌 듯하다.

  약을 통해 심장을 계속 뛰게 할 수 있지만, 약만으로 심장을 계속 뛰게 할 수 있다면 세상에 죽는 사람은 없을 것이다. 다른 방법으로 심장을 계속 뛰게 할 수 있는 방법이 있을까? 새로운 심장을 이식하면 된다. 기존에 뛰지 않는 심장을 새로운 심장으로 바꿔주는 것이다. 인공심장이 있다면 좋겠지만, 아직 인공심장은 없다. 다만 뇌사와 같은 상태에서 기증된 심장을 이식할 수는 있다.

  2002년 영화 〈존 큐〉는 아들의 생명을 구하기 위해 필사적으로 일하는 노동자 아버지를 다루고 있다. 평범한 가장으로 살아가던 존 큐는 의사로부터 아홉 살 난 아들에게 심장이식이 필요하다는 말을 듣지만, 당시 임시직으로 일하던 중이라 수술비를 마련할 수

〈가셰 박사의 초상〉, 고흐, 1890년

없었다. 건강보험의 도움을 받을 수 있으리라 기대했지만, 허사였고 다른 노력에도 불구하고 아들을 위한 수술비를 마련할 수 없었다. 결국 아들의 심장이식 수술을 받게 하려고 존 큐는 병원 응급실에서 인질극을 벌인다. 미국 사회에서 의료보험 문제, 자식에 대한 아버지의 사랑 등 여러 가지를 생각하게 하는 영화다.

당시 영화로 본 심장이식을 지금은 내가 일하는 병원에서도 활발하게 시행하고 있다. 나는 병리과 의사로서 수명을 다하고 적출된 심장을 육안 및 현미경으로 검사해서 어떤 원인 때문에 심장의 기능이 떨어졌는지를 밝히고 있다.

장기이식을 받는 것은 생명을 선물 받는 것이다. 다른 장기이식도 그렇지만, 심장이식은 더욱 그렇다. 살아 있는 동안 단 한 순간도 쉬지 않고 뛰는 심장이기에 그렇고, 심장이 혈액을 통해 다른 모든 장기에 생명을 공급해 주기 때문에 그렇다. 심장을 이식받기 전에는 2층으로 올라가는 것도 힘들어하던 환자들이 이식 후 건강하게 산을 오르는 모습을 본다.

심장에 의한 살인

 몇 년 전, 한 고등학교 기숙사에서 살인사건이 발생했다. 하지만 살인사건이라고 단정하기에는 어울리지 않는 모습들이 확인된 사건이기도 했다. 살인 이유가 분명하지 않았고, 따라서 살인의 고의가 있었는지 확실하지 않았다. 그리고 사망 사건이 매우 갑작스럽게 일어났다는 것도 특이했다. 10대 후반의 남자 청소년들 사이에서 있을 법한 다툼 정도였는데, 상대방 학생이 갑작스럽게 사망한 것이다. 문제는 피해 학생이 맞은 위치였다. 다툼 중 피해 학생은 가슴 부위 전흉부를 맞았고, 이내 사망했다.

 법의학적으로 가슴 부위를 둔력, 즉 주먹이나 둔기 등에 맞은 후 갑작스럽게 사망하는 것을 심진탕(commotio cordis) 또는 심좌상(contusio cordis)이라고 한다. 이 둘은 가슴 부위에 둔력 손

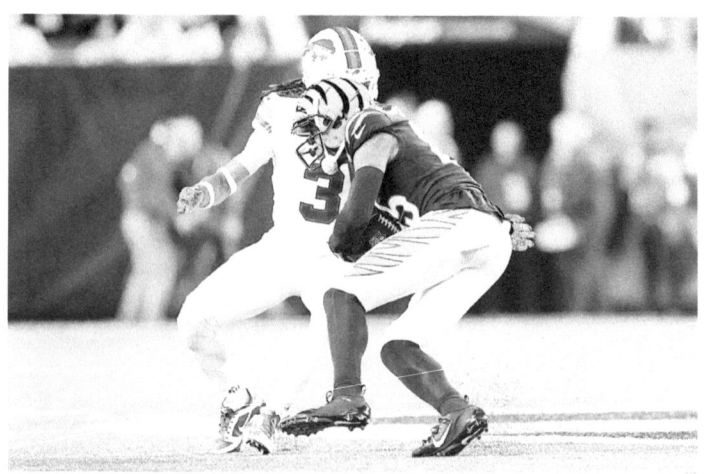

2023년 1월 2일, 미국프로풋볼(NFL) 버펄로 소속의 다마르 햄린(뒤쪽)이 경기 도중 상대 선수로부터 태클을 당하는 장면

상을 받은 후 치명적인 부정맥이 발생해서 급작스럽게 죽음에 이를 수 있는 손상들이다.

이 중에서 심진탕은 구조적인 심장의 손상을 유발하는 심좌상과 달리 육안은 물론 현미경적 검사에서도 심장의 손상이 확인되지 않는다. 대개 15세에서 25세 정도의 남성에서 발생하는데, 가슴 부위에 뭔가 단단한 물체로 맞은 후에 바로 사망하는 것이다. 발생 기전을 살펴보면 심장의 주기적인 수축과 이완 중에 0.02초에서 0.04초의 매우 짧은 특정 기간에 심장이 있는 전흉부로 적당한 크기와 모양 및 속도의 둔력이 작용해 심장에 치명적인 부정맥이 발생하는 것이다.

사실 황당하다고 생각할 만한 사망이기도 하다. 하필이면 이렇게 짧은 순간에 가슴의 특정 부위를 부딪히거나 맞으면서 사망하다니. 이런 죽음이 정말 있을까 되물을 수 있겠다. 하지만 이런 죽음은 있다. 심장은 충성스러운 생명의 공급자라고 할 수 있는데, 이런 죽음은 심장에 의한 살인이라고 할 만하다.

2023년 1월 2일, 미국 미식축구 선수인 다마르 햄린이 경기 중 상대방의 태클로 인해 심정지가 발생하는 사고가 있었다. 태클 당시 햄린은 전흉부를 가격당했고, 상대 선수와 충돌 후 그는 한두 발 뒤로 걷는 듯하다가 곧바로 쓰러졌다. 이 경기는 생중계 중이었고, 그가 쓰러지는 장면 역시 그대로 송출되었다.

다행히 곧바로 심폐소생술이 시행되었고, 햄린은 즉시 병원으로 이송되어 늦지 않게 치료를 받아 회복할 수 있었다. 이처럼 심진탕은 야구나 하키 선수들이 가슴 부위에 야구공이나 퍽을 맞으면서 발생하는 경우가 많고, 햄린의 경우처럼 미식축구 경기 중 발생하기도 한다.

주검이 말하는 죽음의 시간

 법의학에서는 사망 후 시체의 변화를 초기 시체 현상인 초기 사후변화와 후기 시체 현상인 후기 사후변화로 구분한다. 초기 사후변화의 대표적인 현상으로는 시체얼룩(시반), 시체경직(시강), 체온 하강이 있으며, 후기 사후변화로는 부패가 대표적이다.

 살아 있을 때 심장은 쉬지 않고 뛰고 있어서 혈관 속의 혈액은 멈춤 없이 계속 흐른다. 그러나 심장이 멈추고 죽으면 혈관 속의 혈액은 더 이상 흐르지 않고 한곳에 머무른다. 그러면서 적혈구의 세포막은 유지되지 못하고 용혈이 일어나며 혈액은 중력의 방향으로 가라앉는다. 이런 현상 때문에 피부 바깥쪽에 보라색 멍이 든 것처럼 보인다. 이것을 시체얼룩 또는 시반이라고 하는데, 사망 후 경과된 시간에 따라 모양이나 착색의 정도가 다르며, 이를 통해 사망한 지 얼마나 지났는지 사후경과시간을 추정할 수 있다.

살아 있을 때 근육은 수축하기도 하고 이완하기도 하지만 개체가 죽으면, 즉 세포가 죽으면 세포 안에 있는 미토콘드리아에서 세포의 에너지로 사용되는 아데노신삼인산(ATP)을 만들어내지 못하고 근육은 단단하게 굳어버린다. 물론 죽은 직후에는 근육에 힘이 없어 사람은 쓰러진다. 그러다가 시간이 지남에 따라 근육은 굳고 그 자세를 유지한다. 이런 시체경직으로 인해 시신의 관절들은 단단하게 굳는다. 이런 굳음은 작은 관절에서부터 큰 관절로 진행되고, 일정 시간이 지나면 시체경직은 다시 작은 관절에서 큰 관절 순서로 사라진다. 따라서 시체경직이 어느 관절에서 어느 정도로 있는지 확인함으로써 사망한 지 얼마나 지났는지를 추정할 수 있다.

마지막 초기 사후변화는 체온 하강이다. 인간은 정온동물이기 때문에 살아 있을 때 체온은 늘 일정하게 36.5℃로 유지된다. 체온을 일정하게 유지하기 위해 많은 에너지를 사용하는데, 죽으면 더 이상 체온을 유지하기 위해 사용할 에너지를 만들지 못하고, 체온은 주위 온도와 같아질 때까지 떨어진다. 이것이 체온 하강이다. 처음 36.5℃에서 출발해 서서히 떨어지므로 체온이 어느 정도까지 떨어졌는지를 측정하면 사망 후 시간이 얼마나 지났는지 추정할 수 있다.

내가 처음 부검했을 때 느낌이 어땠느냐고 물어본 이들이 많았다. 지금도 잊히지 않는 것이 있는데, 그것은 처음 부검했을 때 느낀 '차가움'이다. 사람이 죽으면 부패를 방지하기 위해 시신을 영안실 냉장고에 보관하고, 해당 시신은 부검할 때까지 장례식장 등의 영안실 냉장고에 보관되다가 부검을 위해 부검실로 잠시 옮겨진다. 따라서 부검을 위해 테이블 위에 놓인 시신은 차갑다.

그때까지 내가 만난 사람들 모두 나와 체온이 비슷했기 때문에 부검하기 위해 시신을 처음 만졌을 때 나는 적잖이 놀랐다. 나와 같은 모습을 하고 있지만 죽음으로 넘어간 이들은 차갑기만 했다.

엔키두 곁을 지킨 길가메시

후기 사후변화를 대표하는 것은 부패다. 부패라고 하면 흔히 불쾌한 냄새가 나는 것, 또는 시신의 피부색이 녹색으로 바뀌는 것을 연상한다. 사찰에 가면 사천왕상을 볼 수 있다. 사천왕상은 동서남북 우주의 사방을 지키는 수호신인 사천왕을 형상화한 불교 조각이다. 불교가 서역을 거쳐 중국에 전해지면서 갑옷을 입은 무장의 모습으로 자리 잡았는데, 우리나라에서 사천왕상은 통일신라 이후에 크게 성행했다. 이 사천왕상은 눈을 부릅뜬 채로 피부색이 어둡거나 녹색의 빛을 띠고 있다. 그래서 사찰에서 사천왕상을 볼 때마다 나는 부패한 시신의 얼굴을 연상하곤 한다.

불쾌한 냄새가 나거나 피부색이 바뀌는 것을 부패라고 정의할 수는 없고, 이들은 부패로 인한 현상이라고 해야 맞다. 부패는 세균의 증식 및 대사 작용 때문에 시신이 분해되는 것이다. 세균이 증식하고 대사 작용을 하면서 신체가 분해되고, 불쾌한 냄새가 나는 가스가 생성되며, 시신의 피부색도 녹색으로 변한다. 부패는 세균에 의해 발생한다. 따라서 세균의 증식이나 대사 작용을 억제하면 부패를 방지하거나 부패 속도를 늦출 수 있다. 시신을 냉장 시설에 보관하는 것도 온도를 낮춰 세균의 활동을 억제해 부패의 진행을 막기 위해서다.

법의학에서는 카스페르의 법칙이 있다. 이것은 시신의 부패 속도와 관련된 것으로, 공기 중에 있는 시신은 물속에 있는 시신보다 2배 더 빨리 부패하고, 땅속에 묻힌 시신보다 8배 더 빨리 부패한다는 원칙을 말한다. 공기 중에서 적절한 온도를 유지하고 공기가 공급되어야 세균 증식과 대사 활동이 활발하다. 그래서 시신이 공기 중에 있을 때 부패가 빨리 진행된다. 물속에 있거나 땅속에 묻혀 있을 때는 부패 속도가 감소한다.

그리고 부패는 세균에 의해 이루어지기 때문에 당연히 세균이 많은 곳에서 먼저 진행된다. 우리 몸에서 세균이 많은 곳은 대장(큰창자)이며, 그래서 아랫배 부위에서 부패가 먼저 진행된다. 흔히 맹장이라고 부르는 부위에서 부패가 먼저 진행되는데, 맹장은 아랫배의 오른쪽에 자리 잡고 있어서 부패로 인한 시신의 변색은 아랫배 오른쪽에서 먼저 시작된다.

혈액은 세균을 키우기에 좋은 조건을 가지고 있다. 그래서 세균의 증식에 의한 부패 역시 혈관을 따라 진행하는 경향이 있다. 따라서 초기 부패가 진행되는 시신의 피부에서는 혈관의 주행에 따라 형성된 부패에 의한 선들을 볼 수 있다. 혈관이 몸에서 거미줄처럼 퍼져 있는 것처럼 부패에 의한 줄 모양의 변색도 거미줄처럼 피부를 통해 보이는데, 법의학에서는 이를 마블링이라고 부른다.

인류 최초의 서사시로 일컫는 〈길가메시 서사시〉는 고대 메소포타미아 수메르 지방 남부의 도시국가 우루크의 왕 길가메시의 모험담을 담고 있다. 이 작품에 다음과 같은 구절이 나온다.

죽어야 하는 운명이 그를 옭아맸소.
난 그 때문에 엿새 낮과 이레 밤을 통곡했소.
내가 그의 시신을 매장하지 않자
결국 그의 콧구멍에서 구더기가 나왔소.
그러자 나 역시 죽을까 봐 겁났소.
점점 죽음이 두려워졌고 그래서 야생을 방랑하오.
내 친구가 당한 일은 감당 못 할 정도였소.
그래서 머나먼 길에 나서 야생을 방랑하고 있소.
내 친구 엔키두가 당한 일이 감당 못 할 정도였소.
그래서 머나먼 길에 나서 야생을 방랑하고 있소.

내가 어떻게 입을 다물 수 있겠소? 내가 어떻게 잠잠할 수가 있겠소?
내가 사랑했던 내 친구가 흙이 되어버렸는데
내가 사랑했던 내 친구 엔키두가 흙이 되어버렸는데
나도 그와 똑같이 되어,
나 역시 누워서 영원토록 다시는 일어나지 못하지 않겠소?

여기에서 죽은 사람으로 나오는 엔키두는 길가메시를 처치하기 위해 보내졌지만, 오히려 길가메시의 동반자가 된 사람이다. 많은 모험을 함께했던 동반자이자 친구 엔키두가 사망하자 길가메시는 죽음을 직시하게 된다. 그 뒤 길가메시는 영원히 사는 방법을 얻기 위해 대홍수에서 살아남은 영웅 우트나피쉬팀을 찾아가는데, 길가메시가 그 여정 중에 만난 여신에게 자신이 우트나피쉬팀을 찾아 나선 이유를 인용한 앞 구절로 설명한다.

길가메시는 슬픔에 빠져 통곡하며 엔키두를 6박7일 동안 애곡하며 매장하지 않았는데, 그러자 엔키두의 코에서 구더기가 나왔다. 길가메시는 꿈틀거리며 움직이는 구더기를 보고 죽음을 직시한다. 나는 직업적 특성상 구더기를 드물지 않게 보는데, 길가메시가 죽음을 직시한 구더기의 꿈틀거림은 역설적으로 신비하고 강력한 생명의 움직임이다. 부검하다가 가끔은 구더기가 귀엽다고 생각하기도 하는데, 그것들이 단체로 있을 때는 여전히 잘 적응되지 않는다.

파리가 알을 낳고 구더기가 발생하는 것도 사망 후 우리 신체에서 벌어지는 자연스러운 현상이고, 이를 통해 사망한 지 얼마나 지났는지 사후경과시간을 추정할 수 있다. 길가메시는 엔키두가 사망하고 난 후 일주일이 지나서야 엔키두의 코에서 구더기가 나왔다고 하는 것을 보면, 사망한 엔키두의 몸에서 구더기가 등장한 것은 일반적인 경우보다 한참 늦었다. 아마도 길가메시가 친구이자 동반자인 엔키두의 시신을 잘 보존했던 것으로 생각된다. 이렇게 곤충을 통해 법의학적으로 조사하고 연구하는 학문이 법곤충학이며, 법곤충학도 법의학의 한 분야다.

연명의료 결정

나는 학교에서 의과대학 학생들과 법학전문대학원 학생들에게 법의학을 강의하고 있다. 그리고 '법의학자와 읽는 호메로스 이야기'라는 제목의 교양수업으로 다양한 전공의 학생들에게 법의학을 소개하고 있다. 수업을 듣는 학생들에게 내가 강조하는 몇 가지가 있다. 그중 첫째는 출석이다. 나는 학생이 수업에 출석하는 것을 중요하게 여긴다. 수업에 출석하는 것은 학생과 교수 사이에 약속을 지키는 것이고, 그것이 기본이라고 생각하기 때문이다. 다른 한편으로는 내 전공이 법의학이라는 점 때문이다.

법의학 전공과 출석이 무슨 상관이냐고 할 수 있겠지만, 나는 법의학 수업이기에 출석이 중요하다고 생각한다. 수업을 듣는 학생들 대부분은 법의학을 전공하지 않을 것이 분명하다. 요즘 필수

의료가 한창 이슈다. 다들 필수 의료가 중요하다, 필수 의료를 양성해야 한다, 필수 의료를 지켜야 한다, 필수 의료를 전공하는 사람이 더 대접받아야 한다, 필수 의료 처우를 개선해야 한다는 등등 말이 많다. 물론 맞는 말이고 동의한다.

나는 병리과 전문의다. 병리과는 필수 의료를 담당하는 임상과이지만, 흔히 말하는 기피과 중 하나로서 전공의 충원율이 낮은 과를 말할 때 빠지지 않는 전공과다. 그런데 한 걸음 더 들어가면 법의 병리를 전공하는 법의학이 있다. 기피과 안에 끼지도 못하는 전공이다. 그래서 나는 출석을 중요하게 여긴다. 어차피 전공하지 않을 테니 수업 시간에라도 한 번쯤은 들어보라는 의미다. 지금이 아니면 언제 법의학을 배울까. 이런 생각에 학생들에게 출석을 강조한다.

수업 시간에 학생들에게 강조하는 다른 하나는 사전연명의료의향서 작성을 위한 상담이다. 요즘에는 많이 알려졌지만, 사전연명의료의향서가 무엇인지 모르는 이들도 많을 것 같다. 사전연명의료의향서는 연명의료결정법이라고도 불리는 '호스피스·완화의료 및 임종 과정에 있는 환자의 연명의료 결정에 관한 법률'에 의한 서식 중 하나다. 연명의료결정법은 호스피스·완화의료 및 임종 과정에 있는 환자의 연명의료와 연명의료 중단 등 결정을 규정하는 법이다. 회생 가능성이 없고, 치료에도 불구하고 회복되지 않으며, 증상이 급속도로 악화하여 사망이 임박해 임종 과정에 있

■ 호스피스·완화의료 및 임종과정에 있는 환자의 연명의료결정에 관한 법률 시행규칙 [별지 제6호서식]

사전연명의료의향서

※ 색상이 어두운 부분은 작성하지 않으며, [ ]에는 해당되는 곳에 √표시를 합니다.

등록번호			
작성자	성 명		주민등록번호
	주 소		
	전화번호		
연명의료 중단등결정 (항목별로 선택합니다)	[ ] 심폐소생술		[ ] 인공호흡기 착용
	[ ] 혈액투석		[ ] 항암제 투여
호스피스의 이용 계획	[ ] 이용 의향이 있음		[ ] 이용 의향이 없음
사전연명의료 의향서 등록기관의 설명사항 확인	설명 사항	[ ] 연명의료의 시행방법 및 연명의료중단등결정에 대한 사항	
		[ ] 호스피스의 선택 및 이용에 관한 사항	
		[ ] 사전연명의료의향서의 효력 및 효력 상실에 관한 사항	
		[ ] 사전연명의료의향서의 작성·등록·보관 및 통보에 관한 사항	
		[ ] 사전연명의료의향서의 변경·철회 및 그에 따른 조치에 관한 사항	
		[ ] 등록기관의 폐업·휴업 및 지정 취소에 따른 기록의 이관에 관한 사항	
	확인	년 월 일	성명
환자 사망 전 열람허용 여부	[ ] 열람 가능	[ ] 열람 거부	[ ] 그 밖의 의견
사전연명의료 의향서 보관방법			
사전연명의료 의향서 등록기관 및 상담자	기관 명칭		소재지
	상담자 성명		전화번호

본인은 「호스피스·완화의료 및 임종과정에 있는 환자의 연명의료결정에 관한 법률」 제12조 및 같은 법 시행규칙 제8조에 따라 위와 같은 내용을 직접 작성하였습니다.

	작성일	년 월 일
	작성자	
	등록일	년 월 일
	등록자	

사전연명의료의향서

는 환자에게 환자의 뜻에 따라 심폐소생술, 혈액투석, 항암제 투여, 인공호흡기 등과 같이 치료 효과는 없이 임종 과정의 기간만 연장하는 연명의료를 시행하지 않거나 중단할 수 있도록 하는 법이다.

여기에는 두 가지 서식이 있는데, 연명의료계획서와 사전연명의료의향서다. 연명의료계획서는 적극적인 치료에도 불구하고 근원적인 회복 가능성이 없고 점차 증상이 악화하여 수개월 이내에 사망할 것으로 예상되는 말기 환자의 의사에 따라 담당 의사가 환자에 대한 연명의료 중단 등을 결정하는 사항을 작성하는 서식이다.

사전연명의료의향서는 19세 이상의 사람이 자신의 연명의료 중단을 본인의 결정에 따라 미리 작성하는 서식이다. 임종 단계에 이르렀을 때 연명의료를 받을지 말지를 평소 건강한 상태일 때 미리 정하는 서류다.

사전연명의료의향서는 보건복지부가 지정한 사전연명의료의향서 등록기관에서 상담 및 설명을 듣고 작성하는데, 수업 중 과제는 사전연명의료의향서 등록기관에 가서 설명을 듣고 상담을 받는 것이다. 사전연명의료의향서 작성 가능 기관은 국립연명의료관리기관 홈페이지에서 확인할 수 있다. 물론 사전연명의료의향서 등록을 위한 상담을 경험해 보도록 하는 것이 목적이고, 등록 자체를 학생들에게 강요하는 것은 아니다.

사전연명의료의향서 상담 및 설명을 듣고 난 뒤에 많은 학생들이 등록했다. 어떤 학생은 등록하고 나와 보니 바깥 공기가 더 소중하게 바뀌었다고 말했다. 사전연명의료의향서를 상담받는 사람들은 대부분 고령의 노인이다. 노인층에서 죽음을 더 가깝다고 생각해 사전연명의료 결정에도 더 관심을 많이 갖는 것이다. 하지만 나는 역설적으로 사전연명의료의향서가 더 절실한 사람은 젊은 세대라고 생각한다. 사전연명의료의향서는 임종 단계에 이르렀을 때 연명치료를 받을지 미리 결정하는 서류로서, 언제든 연명의료를 받도록 다시 바꿀 수 있다. 그리고 만성질환으로 정신과 육체가 쇠락해지면 그때 다시 수정할 수도 있다.

따라서 사전연명의료의향서를 작성하는 가장 큰 장점은 연명의료를 받을지 말지 결정할 수 없는 상태에 갑자기 놓였을 때를 대비할 수 있다는 점이다. 이 경우 노인층에서 죽음이 더욱 가깝다고 생각할 수 있지만, 죽음은 항상 우리 옆에 있다는 점을 기억해야 한다.

〈만종〉과 〈이삭 줍는 여인들〉로 유명한 화가 밀레의 〈사신과 나무꾼〉을 보자. 저 멀리 노을 진 하늘을 보면 아마도 그림의 배경은 해질녘쯤인 것 같다. 나무꾼은 온종일 허리를 굽혀 일했을 것이고, 혼자 짊어지기도 힘들 정도로 많은 나무를 모았다. 눌러쓴 모자와 하얀 수염과 허름한 그의 옷에서 힘듦이 느껴진다. 나무꾼은 집으로 돌아가 따뜻한 저녁 식사를 하고 내일을 위한 쉼을 생각했겠지만, 이미 그는 사신의 팔에 붙잡히고 말았다. 고개를 돌

〈사신과 나무꾼〉, 장프랑수아 밀레, 1875년

려 나무꾼을 잡은 사신은 다른 한 손에 날개가 달린 모래시계를 들고서 시간이 되었다고 그를 재촉하는 듯하다.

하지만 더욱 아련하게 보이는 것은 오늘 온종일 모은 나무들을 아직 놓지 못한 그의 팔이다. 어쩌면 가족에게 따뜻함을 전해주려는 마음 때문인지 사신의 손아귀에 잡힌 지금까지도 나무꾼은 팔과 몸으로 모은 나무를 붙잡고서 이길 수 없는 저항을 하고 있다. 죽음은 늘 우리 옆에 있다는 점을 기억해야 한다.

죽음은 늘 삶과 함께한다

 구스타프 클림트가 그린 〈죽음과 삶〉을 보면, 왼쪽에는 어린아이부터 어른에 이르기까지 다양한 사람들이 모여 있다. 그들 중 한 여성만 빼고 모두가 눈을 감고 있다. 오른쪽에는 죽음을 상징하는 듯한 해골이 웃으면서 그들 모두를 쳐다보고 있다. 웃고 있는 해골의 모습이 섬뜩한데, 그래서인지 한 여성을 빼고는 모두 눈을 감고 고개를 숙이는 등 죽음을 외면하고 있다.

 하지만 죽음이 항상 우리 옆에 있다는 것을 잊지 말아야 한다. 고령의 어르신들은 만성적인 질환으로 인해 서서히 그 길에 들어서는 경우가 많다. 한편, 젊은이들은 상대적으로 죽음에 대한 인식이 약하지만, 신체적 활동이 왕성한 만큼 사고에 노출되는 경우도 많아, 예측할 수 없이 연명의료를 받을지 말지 여부를 결정해

〈죽음과 삶〉, 구스타프 클림트, 1915년

야 하는 상태에 놓일 수 있다.

 만약 신중하게 고민한 후에 사전연명의료의향서를 작성했다면, 무의미한 연명치료를 받을지 받지 않을지 자신이 판단할 수 있다. 하지만 사전연명의료의향서를 작성해 놓지 않았다면 갑작스럽게 발생한 상황에서 의료진은 반사적으로 연명의료를 시행할 것이다. 이렇게 되면, 삶의 마지막에 자기 생명을 위한 연명의료를 지속할지 말지 결정은 가족들의 손에 놓인다. 가족들은 심각하게 고민할 것이다. 연명의료를 그만두자니 매정해 보이고 환자를 사랑하지 않는 것처럼 보일 테고, 생명이 기적처럼 돌아올지 회복되지 못할지 알 수 없는 상태에서 연명의료를 지속하자니 경제적 어려움도 무시할 수 없을 것이다. 언제까지 연명의료를 지속하기란 쉽지 않은 결정이다.

 나는 이런 상황을 많이 봐왔고, 결국 가족들의 결정에 따라 연명의료가 중지되는 것도 많이 보았다. 연명의료결정법의 주요한 의미는 더 많은 사람들이 자신의 마지막 모습을 상상하고 고민해서 그 결정을 미리 할 수 있도록 도와주는 것이다. 그것은 고령의 노인은 말할 것도 없고 젊은 사람들에게도 중요하다. 클림트의 그림처럼 죽음은 늘 옆에서 웃으면서 나를 보고 있을 수 있기 때문이다.

 연명의료 중 한 가지 예를 들어보자. 내게 완전한 의지가 사라진 상태라면 모르겠지만, 생명에 필수적인 호흡이라는 의지가 내게 남아 있다면 내 입을 통해 기계호흡 관이 삽입된 후에는 숨을 쉬려는 내 의지와 기계호흡 장치가 서로 싸울 것이다. 기계호흡 장치에 내 의지가 꺾이면서 허파가 찢어지는 일이 발생할 것이다. 이런 상태를 임상의학에서는 '파이팅이 있다'라고 한다. 내 뜻대로 들숨과 날숨을 쉬려는 의지와 기계호흡 장치의 들숨과 날숨의 주기가 서로 싸우는 것이다.

물론 이런 일이 항상 있는 것은 아니다. 이런 싸움을 줄이기 위해 의사들은 수시로 적절히 기계호흡 장치를 조절하고, 싸움이 적은 기계호흡 방식을 사용할 수도 있다. 그렇다고 해도 싸움을 완전히 없애는 것은 어렵고, 불행하게도 기계호흡 장치와 내 호흡의 의지가 싸울 때는 항상 기계호흡 장치가 이긴다. 기계호흡 장치의 의지가 항상 내 의지보다 강해 기계호흡 장치는 고장 나지 않는 대신 내 허파는 찢어진다.

사전연명의료의향서를 작성하러 오는 사람들 대부분은 노인들로, 그분들이 사전연명의료의향서를 작성하려는 이유를 듣고 그 사유가 슬펐다는 학생들이 많았다. 그분들이 사전연명의료의향서를 작성하려는 이유는 불필요한 연명의료를 받지 않으려는 뜻이 아니라 자녀에게 짐이 되지 않기 위해서였다. 자녀에게 짐이 되지 않으려 손수 사전연명의료의향서를 작성하러 가는 동안 그분들의 마음이 어땠을까.

학생들에게 사전연명의료의향서 작성을 위한 상담을 받도록 했고, 반응은 다양했다. 다행히 상담받고 나니 좋았다는 반응이 대부분이었다. 등록까지 한 학생들 중에는 삶에 큰 결정을 한 것 같아 뿌듯하고 철학자가 된 것 같았다고 말하기도 했다. 집에 가서 부모님과 상의했고, 부모님도 등록하기로 했다는 학생도 있었다. 한 학생은 올해 초에 할머니가 돌아가셨는데, 당시에는 사전연명의료의향서에 대한 지식이 없는 상태에서 할머니의 상태가 나빠지면서 혼란스러웠다고도 했다.

  법의학으로 보는 인간은 죽음이라는 마지막을 직시하면서도 자신의 결정으로 자신의 마지막 모습을 그릴 수 있는 인간이다.

죽음의 마지막 절차, 검시

우리는 삶을 여행에, 죽음을 그 마지막 목적지에 비유하곤 한다. 또는 죽음을 삶의 마지막 완성이라고 이야기하기도 한다. 이제 법의학의 눈으로 본 인간의 마지막에 이르러 죽음으로 완성되는 인간의 삶을 이야기하려 한다.

죽음 그 자체로 삶이 완성되었다고 하기는 어렵다. 그것은 그 생명이 끝났다는 것을 의미할 뿐이다. 그에게는 아직 하지 못한 말이 많이 남아 있고, 우리에게는 들어야 할 말이 아직 많이 있다. 흔히 "죽은 사람은 말이 없다."라고 말한다. 맞다. 죽은 사람은 말이 없다. 말을 하고 있다면 죽은 사람이 아니다. 그래서 죽은 사람의 말을 듣기 위해서는 우리가 스스로 봐야 한다.

살아 있는 우리가 생명이 마무리된 사람의 삶을 어떻게 완성할 수 있을까? 그들의 삶을 완성하기 위해서는 그들의 무언(無言)의 말을 들어야 한다. 죽은 자의 마지막 말을 듣기 위한 것이 검시 제도다. 법의학의 눈으로 보는 인간은 죽은 후에도 우리에게 말을 하는 인간이다.

검시 제도를 설명하려면 검시(檢視)와 검시(檢屍)를 설명해야 한다. 이 중 검시(檢視)는 죽음에 대해 수사하는 것으로, 이 검시의 주체는 형사소송법상 검사로 되어 있다. 형사소송법 제222조 '변사자의 검시'에서는 변사자 또는 변사로 의심 있는 사체가 있는 때는 그 소재지를 관할하는 지방검찰청 검사가 검시해야 하며, 검시로 범죄의 혐의를 인정하고 긴급을 요할 때는 영장 없이 검증할 수 있다.

반면에 검시(檢屍)는 시신을 검사하는 것이다. 검시(檢屍)는 검안과 부검으로 구분할 수 있다. 검안은 시신을 해부하지 않고 검사하는 것을, 부검은 시신을 해부해 검사하는 것을 말한다. 법에서는 검시(檢視)의 책임이 검사에게 있다는 점은 명확히 하지만, 검시(檢屍)에서 부검을 행할 사람의 자격은 특별히 정하고 있지 않다. 다만 해부를 할 수 있는 자의 자격은 '시체 해부 및 보존에 관한 법률'에 정해져 있어서 그와 유사하게 추정해 볼 수 있을 뿐이다. 이 법률 제2조 '시체의 해부'에서는 시체를 해부할 수 있는 경우는 다음 각 호의 어느 하나에 해당하는 경우로 하고 있다.

1. 시체의 해부에 관하여 상당한 지식과 경험이 있는 의사(치과의사 포함)로서 대통령령으로 정하는 사람이 해부하는 경우.
2. 의과대학(치과대학 및 한의과대학 포함)의 해부학, 병리학 또는 법의학을 전공한 교수·부교수 또는 조교수가 직접 해부하거나 의학을 전공하는 학생으로 하여금 자신의 지도하에 해부하게 하는 경우.
3. 보건복지부장관, 국방부장관(군인의 시체를 해부하는 경우에 한함) 또는 특별자치시장·특별자치도지사·시장·군수·구청장은 시체를 해부하지 아니하고는 그 사인을 알 수 없거나 이로 인하여 국민 보건에 중대한 위해를 끼칠 우려가 있는 경우에는 시체를 명할 수 있다는 동법 제6조에 따라 해부하는 경우.
4. 형사소송법 제140조 따른 사체의 해부 등의 검증을 하는 경우 또는 형사소송법 제173조 제1항 감정에 필요한 처분으로서 사체의 해부를 하는 경우.
5. 검역법에 따라 시체의 사인을 확인할 수 없거나 검역감염병에 감염된 것으로 의심되어 검역소장 또는 질병관리청장의 명령에 따라 해부를 하는 경우.
6. 그밖에 특별자치시장·특별자치도지사·시장·군수·구청장이 시체 해부가 필요하다고 인정하여 시체를 해부하게 하는 경우.

죽음으로
완성되는 삶

 법으로 규제하는 해부의 사유에 대해 앞에서 말했다. '시체 해부 및 보존에 관한 법률' 제2조(시체의 해부)의 각호를 살펴보면, 제1호와 제2호는 병원이나 의과대학에서 교육 및 질병 연구 등을 위해 시행되는 해부를 말한다. 제3호와 제5호 및 제6호는 검역이나 방역과 같은 목적에 의해 시행되는 해부를 말한다. 우리가 말하는 검시(檢屍)로서의 해부는 제4호에 해당한다. 다만 여기에도 부검을 행할 사람의 요건이나 권한은 명시되어 있지 않다.

 검안은 어떨까? 검안은 시체를 해부하지 않고 검사하는 것을 말한다. 검안을 행할 자에 대해서는 의료법에서 확인할 수 있다. 의료법 제17조(진단서 등)에 따르면, 검안하고 시체검안서를 작성하는 것은 의사, 치과의사, 한의사이면 할 수 있다. 즉 의사, 치과의사 및 한의사 면허 외에 특정한 요건을 요구하고 있지 않다는 점이 문제다. 법의학을 전공하지 않은 의사도, 치과의사도, 한의사도 시체를 검안하고 검안서를 작성할 수 있다는 것이 문제다. 마치 내과의사도 심장 수술을 할 수 있고, 치과의사도 심장 수술을 할 수 있고, 한의사도 심장 수술을 할 수 있다는 것과 같다.

변사자 또는 변사로 의심되는 시신이 발견된다. 하지만 신고하지 않으면 이 죽음은 적절히 조사되지 못하고 묻힐 수 있다. 사실 특별한 경우를 제외하고는 가족이 사망했다며 망자의 유가족이 112에 신고하는 일은 많지 않다. 심지어 우리나라에서는 의사의 사망 진단을 받지 않고 망자와 가까운 관계에 있는 사람들이 그의 죽음을 증명해 주는 인우보증으로 사망신고를 할 수도 있다. 시체를 검안하고 검안서를 작성하는 자격은 의사, 치과의사 및 한의사이면 되기 때문에 굳이 법의학적 지식이 있고 법의학의 전문 자격이 있는 사람이 작성한 시체검안서를 받지 않아도 된다. 내 마음에 드는 내용의 시체검안서를 작성해 주는 의사, 치과의사, 한의사이면 그만이다. 그들이 병사로 검안서를 작성해 발부해 주면, 이 단계에서 변사 사건은 부검 없이 마무리될 수 있다.

어떻게 해서 변사로 의심되는 그 죽음이 신고되었다고 하자. 형사소송법 제222조에 따라 검시(檢視)의 주체인 그 소재지를 관할하는 지방검찰청 검사가 그 시신을 검시해야 한다. 그러나 대부분은 동법 동조의 제3항에 따라 경찰관이 시신을 검시하게 되는데, 이를 대리 검시라고 한다. 하지만 경찰에도 부검을 경험한 법의학을 전공한 의사는 없다.

이렇게 초동수사가 이루어지고, 검시(檢視)의 주체인 검사는 경찰의 초동수사 기록을 서류상으로 검토해 부검을 위한 검증영장을 신청하거나 신청하지 않을 수 있다. 신청하지 않으면 그것으로 끝이고, 신청하면 법원에서 판사의 판단으로 검증영장이 발부되거나 발부되지 않을 수 있다. 발부되지 않으면 그것으로 끝이고, 발부되면 그제야 시신은 법의학자에게 올 수 있다. 이런 과정을 거쳐서야 비로소 법의학자가 그의 눈으로 직접 보고 죽은 사람의 말을 들을 수 있다. 오랜 시간과 많은 단계를 거쳐 여기까지 왔다.

우리나라의 검시 제도는 한쪽으로 기울어져 있다. 우리나라에는 타살이냐 아니냐를 가리는 사법 목적으로의 검시 제도만 존재한다. 이처럼 사법 체계나 행정 목적의 체계 안에서만 부검과 같은 검시(檢屍)가 필요할까? 형법 제222조 '변사자의 검시'에서 규율하고 있는 것처럼 변사자 또는 변사의 의심이 있는 사체가 아니어도 사적 영역에서 보험의 문제나 산업재해 등의 문제로 인해 검시(檢屍)가 필요한 때가 있지 않을까. 그 필요성을 부인하기 어렵다. 오히려 보험이 일반화되고 이해관계가 점점 더 복잡해지는 현대 사회에서 이런 사적 영역에서의 검시(檢屍)의 필요성은 점점 더 많아지고 강조될 것이다.

이에 대한 준비가 필요하다. 사법 영역의 절차를 거치지 않고, 사적 영역에서 유족의 요청으로 적절히 검시(檢屍)를 받을 수 있는 제도가 필요하다. 그래야 사법 체계에서의 검시(檢視)도 범죄 의심이 있는 변사 사건에 대한 검시(檢屍)에 더 집중할 수 있을 것이다. 죽음으로 완성되는 삶은 적절한 검시 제도를 통해 보장될 수 있다.

사람으로서 받는 마지막 의료

누군가 내게 어떤 의사가 되고 싶냐고 물어보면, 나는 "실수하지 않는 의사가 되고 싶다."고 말한다. 죽은 사람을 위해서는 특히 그렇다. 검안이나 부검에서 실수는 돌이킬 수 없기 때문이다.

검안이나 부검은 다른 의료행위와 달리 사람에게 행해지는 '마지막' 의료행위다. 검안이 시행되고 시체검안서가 발부되면 사망신고가 될 수 있다. 그러면 그 사람은 공식적으로 죽은 것으로 인정되고, 법적 및 사회적인 모든 권리와 의무가 사라진다. 그리고 그 시신은 화장되거나 매장이 될 수 있다. 부검도 그렇다. 부검은 해부를 통해 시신을 검사하는 것이기 때문에 부검이 이루어진 시신은 되돌릴 수 없다. 부검하면서 내가 놓치면 그것은 없는 것이 된다. 부검하면서 내가 그의 이야기를 듣지 못하면 아무도 그의 마지막 말을 들을 수 없다. 검안과 부검은 사람에게 행해지는 마지막 의료행위다. 그래서 나는 실수하지 않는 의사가 되고 싶다.

자신을 위한 마지막 의료행위를 누구에게 받고 싶은가? 우리나라는 복잡하고 바람직하다고 하기 어려운 검시 제도를 여전히 이어오고 있다. 게다가 타살 여부와 같은 범죄 관련성 여부에만 중점을 둔 검시 제도를 두고 있다. 경찰과 검찰, 법원은 범죄 관련성 여부가 중요할 수밖에 없다. 한 사람의 삶의 마무리로서 검시 제도나 민사적인 문제, 남은 유가족의 권리에는 상대적으로 중점을 두기 어려울 수밖에 없다. 이대로 괜찮을까?

한쪽으로 치우치고 부적절한 검시 제도는 우리나라의 불행한 역사와 관련 있다. 조선시대 이후 우리나라는 일제강점기를 거치면서 독일과 일본의 대륙법 체계에 의한 검시 제도를 받아들인다. 그러다가 해방되면서 미 군정 체제를 거쳤고, 자연스럽게 영미법 체계의 검시 제도가 섞여 지금에 이르게 되었다.

미국에서는 의사인 법의 병리학자가 검시(檢視)의 권한을 갖고 사망을 조사한다. 본인이 의사이기 때문에 자신이 검안하고, 자신의 결정에 따라 필요하면 부검한다. 법의 병리학자가 변사 사건에 대한 검시(檢視)를 책임지기 때문에 따라서 모든 의대생이 법의학 교육을 받지 않아도 된다. 의대생 중에서 일부가 의사면허를 취득하고, 병리과를 전공해 병리 전문의가 된 다음 법의 병리학을 세부 전공해서 법의 병리학자가 된 이후에 그들이 검시(檢視)를 담당하기 때문이다. 법의학자가 검시(檢視)의 권한을 갖고 사망을 조사하기 때문에 모든 의대생에게 법의학 교육을 하지 않아도 되는 것이다.

하지만 우리나라와 마찬가지로 대륙법 체계를 따르는 독일이나 일본에서 검시(檢視)의 권한은 검사에게 주어져 있다. 검사는 의사가 아니기 때문에 시신에 대한 검시(檢屍) 경험과 지식이 부족할 수밖에 없다. 따라서 검시(檢屍)는 의사에게 맡겨진다. 이런 제도 밑에서 검시(檢屍)와 검시(檢視)가 잘 이루어지려면 검시(檢屍)를 수행하는 의사 개개인의 역량이 뛰어나야 한다. 따라서 이런 제도를 두고 있는 독일이나 일본, 우리나라에서는 모든 의대생에게 법의학의 교육이 적절히 이루어지는 것이 중요하다.

그런데 우리나라에서는 의사뿐만 아니라 치과의사도, 한의사도 검안하고 시체검안서를 작성할 수 있다. 그뿐만 아니라 미 군정 시기를 거친 후 경제 발전 시기를 거치며 우리 사회의 많은 분야에서 미국은 닮아가야 할 표준이 되었고, 이는 의과대학 교육에서도 그랬다. 미국은 법의 병리학자에게 검시(檢視)의 책임과 권한이 있기 때문에 그런 것인데, 우리는 그런 제도를 두고 있지 않으면서도 미국 의과대학에 법의학 교실이 없고 학생 때 법의학 교육이 이루어지지 않는 것처럼 그것을 닮아 의과대학에서 법의학 교육은 약화했고, 의사고시에도 법의학 과목은 자리를 잡지 못했다.

"이런 문제가 독일이나 일본과 같은 나라에도 있지 않겠느냐?"

라고 물을 수 있다. 물론 그렇다. 독일이나 일본도 검시(檢視) 권한이 있는 검사는 의사가 아니기 때문에 검시(檢屍)는 의사에게 의존할 수밖에 없다. 따라서 이들 나라에서는 의과대학 시절에 의대생들에게 법의학 교육이 강조된다.

독일에서는 의사고시에 법의학이 필수 임상과학 과목으로 포함되어 있으며, 의과대학 한 곳마다 평균 12.5명의 법의학 교수가 학생들의 강의 및 실습에 참여하고 있다. 일본에는 81개의 의과대학이 있고, 이 의과대학들 모두에 법의학 교실이 있다. 각 의과대학에서 법의학 교수는 평균 3.6명이다. 물론 일본도 의사면허를 취득하기 위한 시험에 법의학 분야의 문제가 포함되어 있다. 반면에 우리나라는 40여 곳의 의과대학 중에서 10여 곳에만 법의학 교실이 있고, 그나마 있는 법의학 교실에도 한두 명 정도의 법의학 교수가 있을 뿐이다. 더구나 의사고시에 법의학 과목은 없다.

우리나라와 같은 법체계를 가지고 있는 독일이나 일본이지만, 이들 나라에서는 법의학 전공자가 아닌 검사가 검시(檢視)의 주체가 되어 있다는 한계를 극복하기 위해 그들 나름의 해결책을 찾으려 노력하고 있으며 합리적인 제도를 만들어 왔다.

독일에서는 검사와 경찰 및 법의학 전문의사가 함께 검안하고 그 결과를 토의한다. 물론 검안 자체는 법의학자가 주도적으로 시행한다. 검안 후 부검이 필요할 것으로 판단될 때 법의학자는 부검을 시행할 것을 검사에게 권고한다. 그리고 그 권고에 따라 부검이 시행될 때는 1건의 부검당 2명의 법의학자가 함께 부검을 시행한다.

특별히 시신을 화장할 때는 화장을 시행하기 전에 사망진단서를 포함해 망인의 기록을 법의학자가 재차 검토하고 최종적으로 다시 한번 검안을 시행한다. 사망진단서의 내용과 망인의 사망 전 기록 및 화장 직전에 시행된 검안의 소견이 일치해야 화장을 진행할 수 있다. 독일에서는 이처럼 화장을 앞두고 실시하는 검시(檢屍)에서 주기적으로 서류와 일치하지 않는 사망이 발견된다고 한다. 그런 일이 있을 때는 경찰에 신고되고, 시신을 압수한 뒤 정밀 검사를 위해 법의학연구소로 보낸다. 화장 전 검시에서 발견된 사건들을 바탕으로 집계한 결과를 보면, 독일에서는 연간 약 1천 건의 미확인된 살인사건이 발생하는 것으로 추정되었다. 우리나라는 어떨까? 이런 일이 없다고 누가 장담할 수 있을까?

일본에서는 검시(檢屍)의 중요성이 사회적으로 인식되는 몇몇 사건이 있었고, 그 사건들을 계기로 검시 제도에 대한 법적·제도적 보완을 마련했다. 대표적으로 2007년, 17살의 스모 선수가 훈련 시간에 심정지로 발견되어 근처 병원으로 이송했으나 사망한 사건이 있었다. 병원에서는 급성 심부전을 사인으로 추정했고, 경찰은 사인을 협심증이나 심근경색증 같은 허혈성 심장질환으로 발표했다. 하지만 사인을 이상하게 여긴 선수의 부모가 사적으로 의뢰해 부검이 시행되었고, 사인은 폭행에 의한 쇼크로 확인되었다. 이 사건을 계기로 일본 법의학회에서는 2009년에 '사인 규명 의료센터'의 설치를 제안했다. 이 센터의 설립 목적은 모든 국민이 사람으로서의 마지막 의료를 적절하게 받도록 하는 것으로서, 경비는 후생노동성의 예산으로 하되 2009년 당시 기준으로 사인 규명 의료센터의 예산 규모는 연간 국민 1인당 200엔 정도로 할 것을 제안했다. 우리나라에서도 삶의 마지막 의료를 적절하고 정당하게 받기 위해 1년에 국민 1인당 2천 원 정도의 예산은 부담할 수 있지 않을까.

이후 일본에서는 2020년 4월부터 사인규명추진기본법이 시행 중인데, 이 법은 사인 규명에 관한 인재 육성, 사인 규명에 관한 교육 및 연구 거점의 정비, 사인을 규명하는 전문 기관의 정비, 시체 검안 및 부검 수행 내실화 등의 기본 시책을 다루고 있다. 이들은 우리나라와 같은 사법 체계를 가지고 있으면서도 범죄와 관련성 여부에만 중점을 둔 사망 조사 제도의 문제점을 해결하기 위해 큰 노력을 기울이고 있다. 우리가 참고하고 배워야 할 것이 많다고 생각된다. 우리나라에도 범죄와 관련성 여부와 상관없이 국민 개개인의 삶에 대한 온전한 마무리를 위해 사법적 절차를 거치지 않더라도 적절한 검시(檢屍)를 받을 수 있도록 검시(檢屍) 서비스를 제공하는 '국립사인규명센터'와 같은 기관이 필요하다.

사람으로서 생의 마지막에 이르렀을 때, 마지막 의료를 누구에게 받고 싶은가?

Mortui vivos docent

 법의학의 시선으로 보는 인간은 죽은 후에도 살아 있는 우리에게 말을 하는 인간이다. 말을 한다는 것은 인간의 고유한 능력이다. 물론 일부 동물도 그들끼리 의사소통을 한다고 한다. 고래는 사람이 들을 수 없는 낮은 주파수인 12~25Hz 사이에서 대화를 나누는데, 수백 킬로미터 거리에 있는 다른 개체와 이야기를 나눌 수 있다고 한다.

 하지만 인간만큼 사고하고 그 사고를 언어로 표현하며 기록하는 생명체는 없다. 어쩌면 인간만의 독특한 인간성은 여기에 근거하는지도 모른다. 더구나 죽은 사람과 대화하는 생명체는 인간만이 유일하다. 죽은 사람과 대화를 나눔으로써 그들로부터 배울 수 있는 존재는 인간만이 유일하다. 그래서 인간이라고 할 수 있을지 모른다. '죽은 사람들이 살아 있는 사람들을 가르친다.'라는 라틴어 'Mortui vivos docent.'라는 문구처럼.

다른 한편으로, 동물과 인간의 차이를 말할 때 인간만이 눈물을 흘린다거나 인간만이 혈연관계에 있지 않은 다른 개체와 쉽게 협력한다는 점을 들기도 한다. 죽음과 관련해서는 사망한 다른 개체를 위한 애도나 장례 의례 유무를 꼽기도 한다. 하지만 최근에는 일부 동물들도 죽은 개체를 위한 애도나 의례를 갖는다는 것이 확인되었다. 돌고래는 죽은 새끼를 자기 몸으로 받치고 헤엄치기도 하고, 어떤 범고래는 출산 중 새끼가 죽자, 9일 동안 새끼를 수면 위로 들어 올리며 헤엄치기도 했다. 이런 행동은 다른 동물들에게도 나타나, 유전자가 인간과 가장 유사한 동물인 침팬지 속의 침팬지나 보노보는 사망한 개체의 사체를 보호하며, 슬퍼하고 애도하기도 한다. 또한, 코끼리는 죽은 개체 위에 흙을 뿌려 덮어주기도 하고 수일 동안 자리를 지키는 모습을 보이기도 한다.

하지만 인간은 더 나아가 내가 아닌 다른 개체의 죽음을 인식함으로써 나의 죽음을 예견하고, 다른 개체의 죽음을 애도하며 장례라는 일정한 의례를 거치며 죽은 사람을 추모하고, 살아 있는 나는 위로를 받는다. 그리고 검시(檢屍)와 검시(檢視)를 통해 죽은 사람의 삶을 마무리하고 완성한다. 그의 말을 들음으로써 그로부터 배운다.

내 눈으로 직접 봄으로써 죽은 사람의 이야기를 듣는 학문이 법의학이다. 또한, 법의학은 거기에 그치지 않고 이를 통해 살아 있는 사람들의 인권을 옹호하고, 공중의 건강과 안전을 증진하며 사회정의를 구현하고자 하는 의학이다. 법의학의 시선으로 보는 인간은 죽은 후에도 살아 있는 내게 말을 건네는 인간이다. 그의 말을 들을 때 그의 삶은 완성되고, 우리는 그를 통해 배울 수 있다.

죽은 자의

말을

듣는

눈

침묵의 뒤편

따르릉따르릉.

사무실 전화벨이 울렸다. 전화기 건너편 남성의 목소리는 한참 나이가 지긋해 보이는 점잖은 노신사의 그것이었다.

"○○장례식장이죠?"

홍 사장은 편도 3차로 큰 도로변에 있기는 하지만, 100도 정도 급히 우회전해서 편도 1차선 도로를 200m 정도 올라와야 보이는 허름한 상조회사를 운영하고 있었다. 평소 휴대전화가 아닌 사무실로 전화가 오는 경우는 드물었기에 아침 8시도 되지 않아서 울리는 사무실 전화벨 소리와 수화기 건너편 노신사의 목소리가 의아스러웠다. 그도 그럴 것이 사실 요즘은 상조회사들이 많아 계약에 따라 장례 일을 맡게 되는 것이 대부분이다. 이처럼 장례를 문의하기 위해 사무실로 직접 전화가 오는 일은 드물었다. 그 노신사는 대뜸 본론부터 이야기했다.

"딸이 사망했는데, 화장은 하고 싶지 않고 공동묘지에 묻어 주고 싶습니다. 사람을 보내줄 수 있나요?"

사람이 사망하면 챙겨야 할 서류들이 있다. 물론 그중에서 가장 중요한 것은 사망증명서다. 의사가 발급한 사망진단서나 시체검안서가 있어야 장례를 시작할 수 있다.

"…… 집에서 그냥 사망해서 사망진단서는 없습니다."

얼마간의 침묵 후에 노신사의 목소리가 들려왔는데, 그 목소리는 당황한 듯했다. 그러나 사망진단서가 없으면 다음 절차를 진행할 수 없다. 더욱이 집에서 사망했다면 경찰에 신고하는 것이 우선이다. 장례 절차를 잘 모르는 유족이라는 생각이 들어, 홍 사장은 노신사에게 경찰에 신고하고 병원에 연락해서 사망진단서를 받아야 한다고 이야기해 주었다.

"……"

다시 침묵이 이어졌다. 홍 사장은 경찰과 병원에 대신 연락해 줄 것을 제안했고, 노신사는 그렇게 해 달라고 부탁했다.

이렇게 해서 그녀의 사망을 알게 되었다.

따르릉따르릉.

아침 8시 반쯤 이번에는 파출소 전화벨이 울렸다. 김 순경이 전화를 받았다.

"어디이시라고요? 아, 시립 화장장 근처에 있는 ○○상조요?"

자초지종을 들은 김 순경은 홍 사장으로부터 노신사의 연락처를 받았고, 노신사에게 전화해서 집 주소를 물었다. 김 순경은 경찰 수사정보망에 변사 사건을 등록했고, 파출소 선임인 배 경위와 시경 김 형사와 함께 노신사 집으로 현장조사를 하러 가기로 했다.

변사 현장은 장례식장과 그리 멀지 않은 곳에 있는 아파트였다. 지어진 지 30년이 넘은 아파트로 2천 세대가 넘는 대규모 아파트 단지였다. 야트막한 언덕 위에 있어서 비스듬한 오르막길을 올라가야 갈 수 있는 아파트였는데, 편도 2차로의 오르막길 양쪽에는 벚나무가 줄지어 서 있었다. 오르막길은 약간 굽어 있었기 때문에 오르막길 초입에 들어서면, 시선의 끝에서는 길 양쪽에 줄을 서 있는 벚나무가 서로 만나 터널을 이루는 것처럼 보였다.

아파트의 전경이며, 단지 내에서 이쪽저쪽으로 걷는 사람들의 모습은 일상의 모습 그 자체였다. 변사 현장 입구도 비슷했는데, 깔끔하게 청소한 계단 옆 짙은 파란색의 현관문이 그랬고, 둥근 모양의 스테인리스 손잡이가 그랬다. 손잡이 위에는 붉은색 뚜껑의 비밀번호 잠금장치가 있었는데, 출입문 손잡이와 잠금장치에서 특별한 파손의 흔적은 보이지 않았다. 손잡이에는 비닐봉지가 걸려 있었고 그 안에는 여러 유제품이 들어 있었다.

하지만 변사 현장은 전혀 다른 모습이었다. 코로나19 관련 문제가 있을 수 있었기 때문에 김 순경과 경찰들은 바로 변사 현장으로 들어갈 수 없었고, 119구급대원을 기다려야 했다. 조금 지나자 구급대원이 도착했고, 구급대원이 먼저 변사 현장으로 들어갔다. 아니, 정확히 말하자면 들어갈 필요가 없었다. 이미 시신이 현관문 앞에 있었기 때문이다.

지금 막 현관문을 나서려는 듯이 시신은 중문 바깥쪽 신발을 벗는 곳에 눕혀져 있었다. 이런 변사 현장에서 구급대원이 먼저 들어가는 것은 혹시나 변사자가 사망 전 상태일 가능성 등을 고려한 것이었으나, 이번 변사 현장에서 변사자는 전혀 그런 상태가 아니었다. 시신은 포대 자루로 싸여 있었고 노끈으로 칭칭 감긴 상태였다. 이미 사망한 지 하루는 되어 보였다. 119구급대원은 코로나 19 관련 검사만 진행한 다음 쉬이 철수했다.

김 순경은 머리카락이 서는 것 같았다. 대놓고 선임에게 물을 수는 없었지만, 시신이 이렇게 싸여 있는 것을 본 적이 있느냐고 묻고 싶었다. 단순 변사 사건인 줄 알고 출동한 것이었는데, 뭔가 복잡한 사정이 있어 보였다. 이제 일이 시작되는 것 같았다.

그는 왜 말을
바꿀까

 사건이 접수되었으니 주변인의 진술서를 받아야 했다. 김 순경은 노신사와 함께 파출소로 향했고, 두 사람은 컴퓨터와 책상을 사이에 두고 마주앉았다. 노신사는 망인의 아버지였고, 아내와 딸, 그리고 7살 손녀와 벚나무 길이 있는 그 아파트에서 살고 있다고 했다.

"진술인은 변사자가 사망한 사실을 알고 있습니까?"

김 순경이 물었다.

"예, 알고 있습니다."

그리고 사망 경위를 상세히 진술해 달라는 김 순경의 질문에 노신사는 다음과 같이 답했다.

"어제 아침 10시경 딸이 자기 방에서 나오지 않아 문을 열고 들어가 보니 바닥에 옆으로 누워 있었습니다. 숨도 안 쉬고 눈도 안 뜨고 해서 죽은 줄 알았습니다."

그리고 이어진 진술을 종합하면, 변사자는 강박증, 종교적인 망상, 조울증, 조현병 등의 정신질환이 있었고 수년 전 이혼한 후에는 자신의 집에서 손녀딸과 함께 들어와 살고 있다는 것이었다. 딸은 정신질환 때문에 평소 밖을 떠돌아다녔으며 밤중이 되어서야 집에 돌아와 잠을 잤고, 다음 날이 되면 다시 집을 나갔다가 밤이 되어야 돌아오는 일을 반복했다고 했다.

"딸이 사망한 것을 어제 발견했는데, 왜 오늘에서야 신고한 건가요?"

김 순경이 물었다.

"가족이 집에서 사망한 경우에 어떻게 해야 하는지 몰랐습니다. 그냥 공동묘지에 묻어 주려고 했습니다. 혼자 해 보려다가 할 수가 없어서 장례업자에게 전화했는데, 장례식 사장님이 경찰에 신고해야 한다고 알려주어서 신고가 늦었습니다."

김 순경은 고개가 끄덕여졌다. 그럴 듯한 대답이었다. 더욱이 앞에 앉아 있는 노신사는 흰머리가 멋지게 나 있었고 이마에는 깊지 않은 주름이 잡혀 있었다. 젊은 시절 험한 노동일을 하지 않았던 것 같은 인상이었는데, 거칠지 않은 손을 보니 그 생각은 굳어졌다. 거친 인생을 살지 않아 보이는 노신사의 말에 신뢰감이 느껴졌다. 하지만 김 순경은 현장에서 본 어색한 시신의 모습이 순간 생각났다.

"그런데 왜 시신을 포대로 감싸고 노끈으로 묶었나요? 변사자가 각목과 끈 등으로 묶여 있는 상태였는데, 누가 한 건가요?"

김 순경은 이윽고 가장 궁금했던 점을 캐물었다. 잠시 생각하는 것 같던 노신사는 입을 열어 차분히 이야기하기 시작했다.

"제가 한 것입니다. 어제 딸이 죽은 것을 발견하고는 혼자 일을 처리하려고 했습니다. 어제 오후에 집 근처 어시장 방면에 있는 상가에서 포대 자루를 샀고, 세무서 옆에 있는 상가에서 각목을 샀습니다. 그리고 나서는 저녁쯤에 손녀딸이 자고 있을 때 아내와 함께 딸을 포대로 감쌌습니다. 각목을 끼워 옮겨보려고 했는데, 생각보다 딸이 너무 무거워 혼자 할 수가 없었습니다. 그래서 하룻밤을 자고 다음 날 아침 전화번호부 책을 뒤져 집에서 가까운 장례식장에 전화했습니다."

"그런데 딸이 갑자기 죽었는데, 왜 죽었는지 의심스럽지는 않았나요?"

김 순경은 상식 차원에서 궁금한 것을 다시 물었다.

노신사는 어렵지 않게 답했다.

"딸은 여러 가지 정신질환을 앓고 있었습니다. 최근에는 상태가 더 악화했는데, 밤새 혼자 중얼거리기도 하고 별다른 이유 없이 혼자 웃기도 했습니다. 그리고 평소 제 아내에게 '올해 안에 죽겠다.'라는 말을 자주 하기도 했던 터라 그저 '올 것이 왔구나.'라고 생각했습니다. 뭐라고 하기는 어렵지만, 자살한 것이 아닐까 생각했습니다."

김 순경은 다시 한번 고개가 끄덕여졌다. 노신사의 말은 다 납득이 되었다. 현관문은 잠겨 있었고, 노신사의 집은 아파트의 중층에 자리 잡고 있었다. 누가 침입해서 살인이 벌어질 만한 위치도 아니었고, 그럴 만한 사정이 있어 보이지도 않았다.

"부검을 원하나요?"

김 순경은 해결해야 할 질문을 건조하게 물었다.

노신사는 이제 수사가 끝나는 건가 싶은 생각에 마음이 편안해졌고, 마찬가지로 건조하게 답했다.

"원하지 않습니다. 신체 이상이 아닌 정신질환으로 인한 사망인 것 같아 부검할 필요가 없는 것 같습니다. 하지만 의사나 경찰이 필요하다면 부검을 해도 괜찮습니다."

진술 내용을 검토하게 한 후에 지장을 찍고 아침 10시경에 시작한 변사 사건의 유족 진술조서 작성은 11시경에 마무리되었다.

유족의 진술조서 작성이 끝난 후 김 순경은 노신사의 진술이 진실인지 여부를 확인해야 했다. 그래서 다시 ○○상조에 전화를 걸었다.

"○○상조죠? 홍 사장님이시나요? 오전에 변사 사건 신고해 주셨죠? 그 건 관련하여 몇 가지 질문을 드리고 싶어서 전화를 드렸습니다."

장례식장과의 통화는 쉽게 진행되었다.

장례식장 사장님의 진술은 일관되었다. 당일 아침 8시가 되기 전에 사무실로 전화가 와서 받았는데, 당시 노신사의 목소리였으며, 딸이 사망했는데 사람을 보내줄 수 있냐고 물었다는 것이었다. 집에서 사망하는 경우 경찰에 신고하고 사망진단서도 받아야 한다고 알려주었고, 자신이 직접 파출소와 시 의료원에 연락한 사실이 있다고 했다. 그러면서 자신이 생각하기에 유족이 장례 절차를 몰라서 그렇게 한 것이지 특별히 의심이 가는 점은 없다고 덧붙였다.

김 순경은 오늘 아침 사무실 전화벨이 울리며 시작된 일이 마무리되어 가는 느낌을 받았다.

그 사이 시신에 대한 검시가 진행되었다. 검시는 시경 과학수사팀과 검시 조사관이 시행했는데, 시 의료원 영안실에서 진행되었다. 포대를 벗기니 일상복을 입고 있는 여성 시신의 모습이 드러났다. 여성은 키 175㎝로 건장한 체격이었다. 시신 외표에서는 얼굴이 조금 검붉어 보이는 것 외에는 자연스러운 모습이었다. 시체경직은 큰 관절에 형성되어 있었고, 시체얼룩은 등, 허리 등 몸의 뒤쪽에 형성되어 있었으며 압력에 퇴색되지 않은 침윤성이었다. 부패가 진행된 것도 아니어서 이런 소견들은 어제 사망한 사람이라고 생각할 수 있었다. 지문을 통해 신원 확인도 마쳤다.

특이한 것은 시신과 함께 각목이 있었다는 것인데, 각목은 노끈으로 교차로 매듭지어져 있어서 그물 형태의 들것을 만들려고 했던 것으로 추정되었다. 2개의 각목 중에 한 개는 한쪽 끝이 부러진 상태였는데, 각목의 길이는 약 190㎝ 정도였고 정사각형인 각목 단면은 2.7㎝로 성인의 무게를 감당하기에 부족해 보였다. 시신을 싸고 있던 포대는 2개였는데, 2개의 포대가 포대의 입구 부분에서 노끈으로 서로 연결되어 있었다. 시신의 머리 쪽과 다리 쪽에서 씌워져 서로 연결한 것으로 보였다.

검시에서도 특별한 것이 발견되지 않았고, 이런 사실이 보고되었다. 그렇게 변사 사건이 마무리되는 것 같았다. 그런데 수사의 방향이 갑자기 바뀌었다. 부검을 하기로 한 것이다. 아무래도 딸이 사망했는데, 혼자 공동묘지에 묻으려고 했다는 점과 신고가 늦었다는 신고 경위가 걸렸고, 변사자의 나이가 젊었다는 점도 고려되었다.

그날 오후 김 순경은 노신사에게 전화를 걸어 부검하기로 했다는 점과 함께 이후 과정에 관해 전반적인 사실을 알렸다. 그런데 오전 진술 때와 달리 김 순경은 노신사에게서 어색함이 느껴졌다. 경찰이 필요하다면 부검을 해도 괜찮다고 했던 오전 진술 때와 왠지 달라 보였기 때문이다.

"절차가 그렇다면 어쩔 수 없지요. 하지만 다른 사람이 해코지한 것은 절대 아닌데, 딸을 두 번 죽이는 일이라 부검은 도무지 하고 싶지 않습니다."

오전 진술 때와 다른 뉘앙스의 대화 속에서 어색함이 느껴지기는 했지만, 김 순경은 이 말에도 고개가 끄덕여졌다. 사실 주거지 내 변사이고, 검시에서도 얼굴이 검붉게 보이는 것 외에 특별한 외상이 있던 것도 아니었으므로 김 순경도 부검 없이 사건을 마무리하는 것이 좋겠다고 생각했기 때문이다. 그리고 그렇게 해야 자신이 해야 일이 줄어드는 것도 사실이었다.

자국이 말하고
싶은 것

 김 순경의 생각이야 어떻든 간에 부검하기로 한 마당이니, 일이 더 많아졌다. 법원에 가서 압수·수색·검증 영장을 발부받아야 한다. 그것도 내일 오전에 부검하려면 오늘 내로 영장을 받아야 했다. 변사자는 어제 사망한 것이니 삼일장을 지키려면 내일 오전에 부검하고 내일 오후에 바로 매장까지 마무리해야 한다. 그러려면 내일 오전에 꼭 부검해야 하니 늦어도 내일 아침 부검 전까지는 법원의 영장을 받아야 했다. 빨리 움직여야 했다.

 그리고 국과수에 전화해서 부검 의뢰도 해야 했다. 평소에도 깐깐한 그 국과수 조사관과 다시 통화해야 했다. 다른 사람이 전화를 받을 수도 있을 것 같은데, 이번에도 깐깐한 허 조사관이 전화를 받았다. 그는 여전했다.

"국과수죠? 내일 부검을 할 수 있을까요?"

김 순경은 물었고, 다행히 내일 세 번째 순서로 부검이 가능하다는 답변을 받았다. 우리나라에서 부검할 수 있는 법의관은 많지 않고, 그에 따라 하루에 할 수 있는 부검 수도 한계가 있을 수밖에 없어 때로는 부검이 다음 날로 밀리기도 한다. 이번에는 다행이라는 생각이 들었다. 세 번째로 할 수 있다는 말을 들으니 까딱 잘못했으면 이후로 밀릴 수도 있는 상황인 것 같았다. 게다가 내일은 금요일이니 다음 날이면 월요일이고, 육일장이 될 뻔했다.

물론 깐깐한 허 조사관은 늦어도 부검 시작 전까지 영장을 받아 와야 한다는 조건을 잊지 않고 붙였다. 그 밖에도 부검의뢰서는 지금 바로 팩스로 보내주라는 말도 잊지 않았고, 변사 사건 발생 통보서와 발생보고서, 유족 등 관계인 진술서, 변사 현장 체크리스트와 기타 내사 보고서도 출력해서 가지고 오라고 했다. 물론 현장 사진은 컬러로 출력해 오라는 말도 빠지지 않았다.

'험한 일을 하는 사람들이니 깐깐하게 하는 것이겠지.'라고 생각하기도 하지만, 김 순경은 허 조사관과의 통화가 즐거운 것은 아니었다.

법원에서 영장도 발부받았고, 허 조사관이 이야기했던 서류들도 준비되었다. 김 순경의 일은 마무리되었다. 이제부터는 시경에서 변사 사건에 대한 조사가 시행될 것이었다.

다음 날 아침 김 형사는 서류를 챙겨 국과수로 향했다. 변사자의 시신은 시 의료원 영안실에서 바로 국과수로 이송될 예정이었다. 부검은 순서에 따라 진행되었다.

　오늘은 일주일 중에 한 번 내가 부검하는 날이다. 나는 통상 금요일에 부검한다. 오늘은 3건의 부검이 예정되어 있는데, 사건 개요는 어제 오후에 대략 파악해 놓았다. 수술하는 의사가 환자의 상태를 미리 확인하고, CT 등 검사를 해서 수술 계획을 미리 세우듯이 부검하는 의사 역시 사건 개요를 먼저 파악하는 것이 중요하다. 왜냐하면 사건에 따라 부검 방법이 바뀔 수 있고, 필요한 사후 실험실 검사도 바뀌기 때문이다. 어떤 검사대상물을 채취하고, 어떤 검사를 사후에 진행할지 등도 미리 생각해 놓아야 한다. 때로는 논문을 찾아봐야 할 때도 있으니, 부검 전에 미리 사건 개요를 파악하는 것은 필수적이다. 그것도 전날에는 미리 사건 개요를 파악해야 그날 밤에라도 책이나 논문들을 미리 찾아볼 수 있으니 말이다.

　두 번째까지 부검이 마무리되었다.

　"이제 마지막 건이네요."

　조금 더 고생하자는 의미로 부검팀에 파이팅을 건넸다. 특별한 사정이 있는 것이 아니고서는 부검은 통상 하루에 3건까지 한다. 육체적인 피로함도 있지만, 부검은 정신적인 스트레스도 많은 일이라 한 건 한 건 부검을 마치고 나면 진이 빠지는 느낌이다. 해부의 행위만으로 부검이 끝나는 것도 아니라서, 부검을 집도하는 의

사인 나는 기억을 되살려 부검감정서를 작성해야 하고, 다른 부검 팀원들은 부검하면서 채취된 검사대상물을 처리하고 사후 실험실 검사를 수행해야 한다. 한 건 한 건 집중하며 4건 이상 부검을 하다 보면, 첫 번째 부검이 어떤 건이었는지 기억이 잘 나지 않을 때도 있다.

이제 한 건 남았다. 비닐 앞치마와 함께 수술용 비닐장갑을 벗었고, 다시 새 비닐 앞치마를 입은 후 수술용 비닐장갑을 꼈다.

나는 형사와 부검 전 사전 인터뷰를 하기 위해 면담실로 갈 때는 수술용 비닐장갑을 끼고 간다. 부검을 시작한 지 얼마 되지 않았을 때는 장갑을 벗고 면담을 진행했지만, 그렇게 하다 보니 서류를 보는 것이 매우 불편했다. 부검 전에 해당 부검 건에 관해 내가 알고 있는 정보는 변사자의 나이와 성별, 그리고 몇 줄에 불과한 사건 개요뿐이다. 해당 부검 건과 관련된 서류는 부검 전 사전 인터뷰 때 경찰로부터 받게 되는데, 그 양은 적게는 수십 장에서부터 많게는 수백 장에 이른다. 때로는 두 손으로 들기에 버겁기까지 하는 자료들을 부검하기 직전에 받아서 10여 분 사이에 파악해야 하니, 부검하는 의사는 그 순간에 손과 눈과 뇌가 빨라야 한다. 그래서 언젠가부터 나는 수술용 비닐장갑을 끼고 경찰과의 면담을 진행한다. 그래야 종이를 빨리 넘길 수 있기 때문이다.

부검 전 경찰과의 사전 인터뷰에서 내 예상을 벗어나는 특별한 사항은 없었다. 경찰도 내인사 쪽으로 생각하고 있는 듯했다. 세

번째 부검 건은 주거지 내 사망이고, 함께 생활하고 있는 부친이 신고한 것이었다. 경찰은 일을 해치우는 듯한 태도로 부검 전 사전 인터뷰에 응했고, 건네받은 서류들에서는 어제 읽었던 사건 개요와 크게 다르지 않은 내용이 확인되었다.

부검 후에 다시 설명하겠다는 건조한 인사와 함께 나는 1번 면담실을 뒤로하고 부검 관련 서류들을 손에 든 채 다시 부검실로 향했다. 함께 부검을 진행할 팀원들에게 간략히 변사 사건의 내용을 설명하고 이번 부검을 통해 우리가 들어야 할 죽은 자의 말이 무엇인지 말했다. 죽은 자는 말이 없으니, 내가 그를 대신해 팀원들에게 말해야 한다. 어떤 점에 주의해서 부검을 진행해야 하고, 어떤 식으로 부검을 진행할 것이며, 부검 중 어떤 검사대상물을 채취해서 어떤 사후 실험실 검사를 진행할지 이야기했다.

이번 변사 사건에서는 경찰의 검시에서 특별한 외상이 보이지 않았기 때문에 외상의 상처에 집중하기보다 내인사의 원인을 찾는 데 집중할 계획이었다. 변사자는 평소 정신질환 외에 별다른 질병이 없었던 것으로 보이는데, 예상하지 못하게 그제 아침에 사망한 채 발견된 것이었기 때문에 뇌출혈이나 심근경색증과 같은 급사의 주요 원인이 되는 병변의 유무를 확인하는 것이 중요했다. 특히 사건 기록에서 변사자의 얼굴이 검붉은 색이었다는 내용이 있었기 때문에 심인성 급사의 가능성을 고려해야겠다고 생각했다. 어떤 이유로 심장이 갑자기 멈추게 되면 얼굴 쪽에서 상대정맥을 통해 심장으로 들어와야 할 혈액들이 우심방으로 들어올 수 없게 되면서 빗장뼈 위 가슴 위쪽으로 혈액이 정체되어 얼굴 피부가 검붉은 색으로 보일 수 있기 때문이다. 한참 부검이 진행되던 중 허 조사관 선생님이 나를 불렀다.

"교수님, 그런데 이상한 것이 보이는데, 한번 봐주시겠습니까?"

계획했던 대로 부검을 진행하던 중 나와 우리 팀은 멈칫할 수밖에 없었다. 뚜렷하지는 않지만 뭔가 희미한, 눈에 거슬리는 자국이 변사자의 목에서 관찰되었기 때문이다. 그 자국은 주로 목에 수평 방향으로 존재하고 있었기 때문에 목주름일 수도 있었을 테지만, 죽은 자의 말을 듣는 눈에는 그것이 지나쳐 버리기 어려운 자국 같아 보였다. 그리고 하나 더. 목덜미 쪽에 있는 자국에는 아주 작지만, 물집이 동반된 것 같았다.

그렇다면 다시 생각해야 한다. 이 자국들은 목주름이 아니다. 변사자는 끈에 의해 목이 졸렸을 수 있다. 목이 졸리며 마찰열이 발생했고 그 때문에 목에 수평 방향으로 존재하는 자국에 화상 반응으로 물집이 생긴 것일 수 있다. 어제 변사 사건의 수사 방향이 부검하는 것으로 갑자기 바뀌었던 것처럼 부검의 방향이 갑자기 바뀌기 시작했다. 이제는 내인사의 원인을 찾는 것도 해야 하지만, 변사자가 목이 졸려 사망했을 가능성을 염두에 두고 그에 대한 증거도 찾아야 했다. 물론 변사자가 질병에 의해 사망했을 가능성이 완전히 배제된 것은 아니었으므로 두 가지 모두를 고려해야만 했고, 부검이 끝날 때까지 머릿속은 복잡해졌다.

하지만 부검이 진행될수록 내 판단은 한쪽으로 점점 더 기울어졌다. 우리 부검팀은 부검을 진행하면서 새로운 소견들을 하나씩 더 찾아 내게 알려줌으로써 자꾸 나를 그 방향으로 밀었다. 외표 소견에서는 분명하지 않은 부분도 있었지만, 해부 소견에서 아래턱 피부 밑에는 연부조직 출혈이 있었고 물집이 있었던 목덜미 쪽에는 근육에서의 출혈이 확인되었다. 입술의 입안 점막 안쪽에는 점처럼 작은 출혈들이 있었고 혀뿌리 부위에는 울혈이 관찰되었다. 이들 소견을 통해 변사자는 자기가 끈에 의해 목이 졸려 사망했다는 것을 소리 없이 말하고 있었다. 반면에 나는 부검 중에 뇌출혈이나 심근경색증과 같이 변사자가 급사했을 만한 질병은 보지 못했다.

"이제 끝났네요. 수고 많으셨습니다."

수고했다는 인사와 함께 다시 한번 수술용 비닐장갑과 비닐 앞치마를 벗었다. 오늘 부검은 마쳤고 급히 서류를 다시 들춰 볼 필요가 없었기에 수술용 비닐장갑은 끼지 않은 상태로, 부검 중 간단히 작성된 부검 기록지와 함께 담당 형사와의 사후 인터뷰를 위해 나는 다시 면담실로 향했다.

그 전화가 없었다면

여전히 머리가 복잡한 나는 면담실 의자에 털썩 주저앉듯이 앉았다. 코로나19로 인해 투명한 아크릴판이 가운데 놓여 있는 그리 크지 않은 원형의 테이블 건너편에는 담당 형사가 앉았다. 그날은 날이 참 좋았는데, 면담실 옆, 면담실 문의 건너편에 있는 세로로 길게 난 창으로 위쪽에는 햇살이 눈부셨고 아래쪽에는 푸릇한 잔디와 잡초와 나무가 있었다.

"수사해야 할 것 같습니다."

나의 첫 번째 말이었다.

"네?"

통과의례처럼 부검을 지나가는 일로 생각하고 국과수에 왔는데, 예상 밖의 말을 들었으니 놀랄 만도 했으리라. 담당 형사의 그런 마음을 아는 나는 친절히 부검 소견들을 설명해 주었다. 처음에는 내인성 급사, 특히 심인성 급사를 생각하고 부검을 시작했지만, 부검을 진행하던 중에 예상하지 못한 소견들이 확인되었고, 해부를 모두 마친 후 지금은 변사자가 끈으로 목이 졸려 사망한 것일 가능성을 우선 고려해야 할 것 같다고 이야기해 주었다.

 그렇게 설명한 후에 나는 빠져나갈 구멍 하나를 마련해 놓는 것도 잊지 않았다. 육안상으로는 심장에서 사인으로 판단할 만한 소견이 확인되지 않았지만, 현미경을 통해 검사를 진행할 예정이라고 말이다. 나중에 현미경을 통해 육안상으로는 보이지 않았던 소견이 확인될 수도 있다는 말을 덧붙였다.

 "그래도 질식사를 우선 생각해야 할 것 같습니다. 말씀드린 소견들을 가지고 주위 수사를 다시 한번 해 보세요."

 이 말을 마지막으로 사후 인터뷰를 마쳤다. 물론 끈에 의해 목이 졸려 사망했다는 것이 꼭 타살을 의미하는 것은 아니다. 정신 질환이 있던 변사자가 스스로 끈을 이용해 질식사했을 가능성도 있다. 그러나 설령 그랬다고 하더라도 수사를 통해 이를 확인하는 것이 필요했다. 누군가는 거짓말을 한 것이니 말이다.

 약간은 당황한 듯하던 담당 형사는 일단 알겠다는 말과 함께 자리에서 일어났다. 나 역시 수술 가운을 벗고 씻기 위해 자리에서 일어났다.

 부검을 모두 마치고 씻고 나오니 진이 빠지는 듯했고, 멍하니 쉬고 싶었다. 하지만 그날 오후에 다른 학교의 법의학 수업이 예정되어 있었다. 우리나라에는 40여 개의 의과대학이 있지만, 그중에서 법의학을 전공한 교수가 근무하는 법의학 교실이 있는 학교는 10여 곳에 불과하다. 내가 있는 지역에도 의과대학이 있는 대학교가 몇 개 있지만, 이 지역에서 법의학을 전공하고 있는 교수는 내가 유일하다. 이 때문에 나는 다른 대학의 의과대학에서도 법의학을 강의하고 있었고, 그날 오후에는 그중 한 대학에서 법의학 강의가 예정되어 있었다.

차로 이동한 후에 3시간의 강의를 시작했다. 그 대학교의 캠퍼스로 가능 동안 햇살이 좋다고 생각했다. 하지만 그 캠퍼스의 주차 환경은 좋지 못했다. 정시에 학교에 도착했지만, 주차하고 나니 수업 시간이 이미 지나 있었다. 서둘러 움직여 강의실에 들어가서 늦어서 미안하다는 말과 함께 수업을 시작했다. 오전에 부검하고 오느라고 조금 늦었다는 핑계도 잊지 않았다. 부검을 마친 후 1시간이 넘게 서서 강의하다 보니 목이 말랐다. 그렇게 점점 기운이 빠져가던 차에 바지 주머니에 넣어 두었던 전화기가 진동하기 시작했다. 슬쩍 빼서 확인해 보니 국과수 허 조사관이었다.

오전에 부검한 후 오후에 국과수로부터 전화가 오는 경우가 간혹 있다. 대개는 부검 후 의뢰했던 검사대상물 처리를 확인하기 위한 전화다. 예를 들면, 부검하면서 의뢰했던 검사를 진행하려면 혈액에서 혈구 세포와 혈장이 분리되어야 하는데, 부패 등 사후

변성으로 인해 혈장 분리가 되지 않아 검사가 어렵다는 이야기를 전하기 위해 전화가 오는 것이다. 수업 중이기도 했고, '그런 이야기이겠거니.'라고 생각해 바로 전화를 받지 않았다. 쉬는 시간이 되자 아까 전화 왔던 부재중 전화번호로 전화를 걸었다.

"교수님, 경찰에게서 전화가 왔습니다."

예상하지 못한 전개에 잠시 당황했다. 하지만 잠시 후 마지막 부검을 마치고 내가 경찰을 당황스럽게 했던 것이 생각났다.

"그래요? 경찰이 나랑 통화하고 싶다고 하던가요?"

나는 허 조사관에게 별다른 생각 없이 답했다. 경찰은 간혹 자신들이 예상했던 결과와 다른 부검 소견을 사후 인터뷰에서 듣게 되면, 그날 오후나 다음날에 추가 부검 소견을 요청하거나 다시 설명 듣기를 원할 때가 있다. 그래서 나는 허 조사관에게 그렇게 되물었다.

그런데 수화기 너머 그의 답변은 다시 나의 예상을 빗나갔다. 평소 모든 점에 의욕이 넘치는 허 조사관은 평소보다 조금 더 높은 톤으로 말했다.

"범인이 자백했다고 하네요."

처음에는 무슨 말인지 선뜻 감이 오지 않았다. 하지만 그리 오래지 않아 오늘 했던 마지막 부검 건의 범인이 잡혔다는 것으로 이해할 수 있었다.

"그래요? 그래서 누가 범인이에요?"

그 순간 나의 다음 질문은 이것이었다. 무엇보다 그것이 궁금했다. 수사와 관련된 일을 하는 사람이라면 모두 그렇지 않을까 싶지만 말이다. 다른 한편으로는 내 소견이 틀리지 않았음이 다행이라는 생각에 안심이 되기도 했다. 물론 내가 눈으로 들은 죽은 자의 말은 분명했지만. "아버지가 범인이었답니다. 부검을 마치고 오후에 부검 결과를 가지고 설명하면서 변사자 아버지에게 재차 진술을 받았는데, 본인이 한 게 맞다고 자백했다고 합니다. 그러면서 감사하다고 전해달라며 담당 경찰에게서 전화가 왔습니다."

'그랬구나. 그렇게 된 것이었구나.'

그러고 나서 시계를 보니 쉬는 시간이 끝나 있었다. 나는 국과수에서 오전에 부검했던 건으로 전화가 와서 시간이 조금 지났음을 설명하며 양해를 구하고 다시 수업을 시작했다.

이것이 이 이야기의 끝이다. 조금 황당할 수도 있겠지만, 죽은 자의 말을 듣는 우리가 하는 일은 여기까지다. 이다음부터는 검경과 법원이 그들이 맡은 일을 할 것이다. 잠시 뿌듯했고 기분이 좋기도 했지만, 이 사건과 관련해서는 그것이 끝이었으며, 수업을 모두 마친 나는 집으로 돌아가 쉬었고, 이 사건은 잊어버렸다. 완전히 잊어버린 것은 아니었는데, 부검감정서를 써야 했기 때문이다. 현미경을 통한 검사 등 다른 검사 결과들이 모두 나온 다음, 부검 결과를 종합해서 끈에 의한 목조름 사망을 사인으로 하여 부검감정서를 마무리지었다. 그리고 정말 이 사건을 잊었다.

그리고 2달이 지날 즈음 나는 우연히 이 사건을 다시 만나게 되었는데, 그것은 뉴스 기사를 통해서였다. 사실은 이랬다. 40대 딸을 살해한 70대 아버지는 딸의 정신질환 증세가 점점 심해지자, 손녀의 앞날이 걱정되어 딸을 살해했다는 것이다. 고령이었던 자신과 아내가 죽으면 손녀는 정신질환을 앓고 있는 딸과 함께 살아야 하는데, 그런 손녀의 앞날이 걱정되었다는 것이다. 수요일 오후 할아버지는 미리 준비한 노끈으로 딸의 목을 졸라 숨지게 했다. 그리고 집 근처 야산에 딸을 매장하기 위해 큰 구덩이를 팠다. 딸을 옮기기 위해 각목과 포대 자루를 준비하기도 했지만, 딸이 무거워 뜻대로 할 수 없었다. 결국 다음 날 아침 할아버지는 전화번호부를 뒤져 집에서 가까운 시립 화장장 근처 장례식장에 전화를 걸었던 것이다.

나는 개인적으로 이 사건이 우리에게 여러 가지를 이야기해 준다고 생각한다. 손녀의 앞날을 걱정해 정신질환이 심해지는 딸을 살해했던 아버지의 안타까움이 있었다. 정신질환은 환자 자신뿐만 아니라 주위 사람들도 불행하게 할 수 있는 질병임을 다시 생각했다. 정신질환은 직접적으로 자해나 타해를 일으킬 수 있지만, 불완전한 사회제도와 결합하면 우리 사회에 다양한 모습으로 악영향을 미칠 수 있다는 생각이 들었다. 또 다른 어떤 이들은 환자의 인권이 강화되며 정신질환자의 강제 입원 절차가 까다로워진 것이 이번 사건을 일으키는 단초가 되었다고도 이야기했다.

다른 한편으로 이 사건은 우리나라 검시 제도의 빈약함을 말해주고 있다고 생각한다. 이 사건을 차분히 곱씹어 보면서 나는 이 사건에서 누가 가장 칭찬받아야 할지 생각해 보았다. 물론 우리 부검팀도 칭찬받을 만한 일을 했다고 생각했다. 다른 사람이 듣지 못한 죽은 자의 말을 우리가 들었다. 그 덕분에 사건이 바른길로 갈 수 있었다. 하지만 이 사건에서 누구보다도 칭찬받아야 할 사람은 따로 있다고 생각했다.

'○○상조 홍 사장님이 아닐까?'

나는 이 사건에서 가장 칭찬을 받아야 할 사람은 장례식장의 홍 사장님이라는 생각이 들었다. 홍 사장님의 입장에서는 어느 날 아침 온 노신사의 전화를 받고 그냥 장례를 치러주는 것이 가장 이득이 되었을 것이다. 그랬다면 어떻게 되었을까? 할아버지의 계획은 완벽하게 성공하지 않았을까? 사실 이번 사건에서 홍 사장님의 역할은 상조회사 직원이 할 것이 아니라 검시 제도를 통해 경찰이, 또는 의사나 법의학자가 해야 할 일이었다. 이 사건은 홍 사장님의 바른 판단과 처신으로 사건의 시작과 끝이 밝혀졌지만, 이와 유사한 일이 지금 우리나라에서 얼마나 이루어지고 있는지는 알 수 없다. 이번 사건은 굉장히 이례적인 일이고, 우리나라에서 이번 사건 같은 일은 다시는 없다고 누가 장담할 수 있을까?

우리는 죽은 자의 말을 들어야 한다. 죽은 그들을 위해서가 아니라 아직 살아 있는 우리를 위해서 말이다.

정말 그것이 사인일까

우리는 최근 수년 동안 코로나바이러스 대유행의 터널을 통과했고, 한편으로는 지금도 통과하고 있다. 우리나라에서 코로나바이러스 감염에 의한 코로나19로 얼마나 많은 사람이 사망했을까?

통계청은 매년 9월쯤에 우리나라의 사망 원인 통계를 발표한다. 이는 우리 국민의 정확한 사망 원인 구조를 파악해 국민복지 및 보건의료 정책 수립을 위한 기초자료를 제공하기 위해서다. 사망 원인 통계를 보면 2021년에 사망자는 31만 7,680명이고, 3대 사인은 암, 심장 질환, 폐렴으로서 이들로 인한 사망이 전체 사망의 43.1%를 차지한다. 사망 원인 통계에 따르면 코로나19에 의한 사망은 2020년 기준 4,080명이고, 2021년 기준 5,030명이다. 그리고 2022년 기준으로 코로나19에 의한 사망자는 31,280명으로 전체 사망 원인 중 암과 심장 질환 다음으로 3위다. 지난 코로나바이러스 대유행 동안 1년에 4천 명에서 5천 명 정도가 코로나19로 사망했고 2022년에는 3만 명이 넘도록 급격히 늘어났다가 2023년에는 7,442명으로 다시 급격히 감소했다.

이 수치는 많을까, 적을까? 나는 코로나 19에 의한 죽음의 많고 적음을 따지기 전에 죽음을 연구하는 법의학자로서 어쩔 수 없이 이런 생각이 먼저 떠오른다. 이 수치를 믿을 수 있을까?

60대 여성이 주거지에서 사망했고, 배우자에 의해 발견되었다. 약 10일 전에 코로나바이러스 확진을 받았고, 주거지에서 7일간 격리되었다. 격리 기간 동안 인후통 등의 증상이 있었으나 별다른 심각한 증상은 없었다. 7일 간의 격리가 끝나고 일상생활로 돌아온 후에 실신하는 증상이 있었지만 금방 정신을 차렸고 회복했기에 대수롭지 않게 넘겼다. 그런데 격리 해제되고 4일 만에 그녀는 주거지에서 사망한 채 발견되었다. 예상하지 못한 사망이었기에 사인과 사망의 종류를 조사하기 위해 부검이 시행되었다.

내가 부검을 담당했는데, 육안 및 현미경적 검사를 했고, 혈액 등을 채취해 필요한 검사를 시행했다. 심장에서 조직검사를 시행했고, 현미경으로 검사해 보니 심장 근육에서 염증세포의 침윤이 확인되었다. 이는 심근염의 소견이었다. 부검 및 각종 사후검사를 종합한 결과 이 여성은 코로나19에 의한 심근염으로 사망한 것으로 판단되었다. 코로나바이러스 확진의 과거력이 있었지만, 망인은 격리 해제 이후 사망했고 코로나19에 의한 증상은 인후통 정도였기 때문에 부검하지 않았다면 코로나19를 사인으로 판단하기는 불가능했을 것이다. 다행히 우연하게도 부검이 이루어져 사인과 사망의 종류를 명확히 할 수 있어서 불행 중 다행이라고 할까.

 반대의 경우는 없을까? 70대 여성이 코로나바이러스에 확진되었고, 인후통이 있어서 음압격리실에 입원해 소염진통제 복약 등의 대증치료를 받고 호전된 상태로 입원한 지 6일 만에 퇴원했다. 입원 당시 혈압, 맥박, 호흡수 등 활력 징후는 안정적이었고, 입원 중 백혈구 수치는 정상이었으며, 혈액 중 염증 수치는 약간 상승한 정도였다. 입원 중 검사한 심장 표지자는 정상이었고, 가슴 부위의 방사선검사에서는 폐렴 등의 특이 소견은 확인되지 않았다. 그런데 퇴원 4일 후에 그녀는 주거지에서 사망한 채 발견되었다.

 법의학을 전공하지 않은 의사가 그녀의 시신을 검안하고 시체검안서를 발부했는데, 시체검안서상 사인을 보면 직접사인은 심근경색(의증)이며 직접사인의 원인은 코로나 감염(의증)이었다. 이 말은 이 여성이 코로나 감염으로 인해 심근경색이 발생해 사망했다는 의미다.

 정말 심근경색증이 직접사인일까? 사망할 즈음에 가슴 통증 등 심근경색을 의심할 만한 증상을 호소했다는 증거는 없었고, 그녀는 다만 주거지에서 사망한 채 발견되었다. 코로나19로 입원 중이었을 때도 가슴 통증을 호소했다는 기록은 없었고, 심지어 입원 중에 시행한 혈액검사 중 심근경색증일 때 수치가 상승하는 심장 표지자는 정상 범위 안에 있었다.

시체검안서를 작성한 의사는 이런 사정을 몰랐을 수도 있다. 하지만 이런 사정을 알았든 몰랐든 상관없이 심근경색증으로 사망했음을 보여주는 다른 증거가 없었던 것은 마찬가지였다. 주거지에서 사망한 채 발견되었기 때문에 검안을 담당했던 의사는 급사의 흔한 원인인 심근경색증을 직접사인으로 작성한 것은 아닐까. 다만 작성하는 의사도 확신할 수 없었을 테니 사인 뒤에 의증이라고 추가 기재했으리라.

다음 고민은 이것이었다. 코로나바이러스 감염으로 심근경색증이 발생할까? 조금 전문적일 수 있지만, 일반적으로 코로나바이러스 감염으로 심근경색증이 발생하기는 어렵다. 코로나바이러스의 감염으로 염증이 발생하거나 코로나바이러스가 심장 조직에 감염을 일으킬 수 있기에 다양한 기전에 의해 심근에 염증이 발생하는 심근염은 생길 수 있다고 해도 그렇다. 심근경색증의 세부형(type)에 따라 다를 수 있지만, 심근경색증이라면 심장에 혈액을 공급해 주는 심장동맥이 막혀 발생하는 것이 전형적으로, 코로나바이러스 감염을 심근경색증의 직접 원인이라고 할 수는 없다.

그런데 시체검안서는 왜 이렇게 작성되었을까? 보험금의 차이 때문에 그런 것은 아니었을까? 이유를 추측해 보면 이렇다. 일반 질병 사망과 재해 사망 시 보험금에는 차이가 있다. 질병 사망일 때보다 재해 사망일 때 보험금이 더 크다. 즉 망자의 유족으로서는 재해 사망이 더 유리하다. 그렇게 판정되어야 더 많은 보험금을 받을 수 있기 때문이다. 지금은 그렇지 않지만, 코로나19를 신종감염병증후군으로 인정해 제1급 감염병으로 지정한 때가 있었다. 코로나19와 비슷한 코로나바이러스에 의해 발생하는 중증급성호흡기증후군(사스)은 지금도 제1급 감염병이며, 제1급 감염병으로 사망하면 질병 사망이 아니라 재해 사망으로 인정된다.

이상을 종합하면 70대 고령의 여성이 주거지에서 사망한 채 발견되었는데, 다른 외상은 없어서 급사의 흔한 원인인 심근경색증이 직접사인으로 기재되었을 것이다. 질병 사망이 아닌 재해 사망이면 보험료가 더 많고, 최근에 코로나19로 입원 치료를 받은 과거력이 있다고 하니 인과관계가 분명하지 않지만, 심근경색증의 발생 원인으로 코로나19가 기재된 것은 아닐까 싶다. 그런데도 시체검안서상 사망의 근본 원인이 코로나19로 기재되었기 때문에 국가는 그녀가 코로나19로 사망한 것으로 판단했을 것이다.

내가 확인한 사례가 빙산의 일각일 수도 있고, 빙산 전체일 수도 있겠다. 빙산 전체였기를 바란다. 한편으로 생각해 보면 놓칠 수 있었던 한 사례에서는 밝혔고, 반대의 한 사례를 확인했으니, 전체 통계 차원에서는 똑같은 것이니까 차이가 없다고 해야 할까? 이처럼 우리 안의 법의학은 인간의 죽음을 조사하여, 그 죽음을 명백히 밝히는 학문이다.

마지막 선물

염전에서 일하는 사람들은 주로 새벽 일찍 또는 밤늦게 일한다. 특히 여름에는 태양이 너무 뜨겁고 염전도 몹시 무덥기 때문에 그 시간에 염전 일을 한다. 그날도 8월 초의 몹시 더운 날로, 망인은 염전에서 일하던 중이었다.

망인은 어려서 부모님을 모두 여읜 후 유일한 피붙이인 여동생과 어렵게 살다가 언제 그리고 어떻게 그랬는지도 모르게 서로 떨어져 살게 되었고, 수년 전 여동생이 오빠를 수소문해 찾은 이후 남매는 가끔 안부 전화를 하며 보냈다. 망인은 40대 미혼 남성으로 순한 성격이었으며, 혼자 지내면서 염전 일을 하며 살았다. 염전은 주로 섬에 있는 경우가 많고 주위에 다른 시설이 없어서 염전에서 일하는 사람들은 대개 염전 안에 주거할 수 있는 숙소를 마련해 그곳에서 생활한다.

다른 날과 마찬가지로 그날도 오후 5시경 일을 시작했는데, 어제와 다른 것이 있다면 평소 건강했던 망인이 일하는 도중에 수시로 바닥에 주저앉아 쉬는 모습을 보였다는 점이었다. 이에 같이 일하던 염전 사장은 망인에게 숙소에 들어가서 쉬라고 한 후 본인은 일을 마치고 밤 11시경 다시 염전으로 돌아왔다. 그런데 망인이 보이지 않았다. 혹시나 해서 숙소도 찾아보았지만, 염전이나 숙소 어디에도 그는 보이지 않았다. 불현듯 사장은 이상한 생각이 들어 망인을 마지막으로 보았던 염전 작업장으로 가 보니 망인은 일하던 모습 그대로 그 자리에서 뒤로 누워 하늘을 보고 있는 자세로 쓰러져 있었다. 사장은 곧바로 119에 신고했고, 망인은 병원으로 후송되었으나 이미 도착 전 사망한 상태(DOA)였다.

도착 전 사망 상태로 응급실에 도착했기 때문에 응급실에서 망인을 진료한 의사 역시 당연히 망인의 사인을 진단하지 못했다. 바깥세상과 고립된 염전이었고, 당시에 망인은 염전 사장과 단둘이 일하고 있었으며, 무엇보다 사인이 불분명했기 때문에 부검이 시행되었다.

망인은 키 180㎝, 몸무게 90㎏으로 건장한 체격이었다. 신체에서 심폐소생술 등 의료행위에 의한 것으로 생각되는 손상 외에 별다른 손상은 확인되지 않았다. 뒤통수 부위에 국소적인 멍이 확인되었는데, 아마도 사망 전 마지막에 뒤로 넘어지면서 생긴 것으로 짐작할 수 있었다.

나는 부검을 하면서 통상적인 방법대로 내부 장기 검사를 시행했는데, 심장을 적출할 때는 머뭇거릴 수밖에 없었다. 그 이유는 그 남성의 심장이 너무 커서 한 손으로 잡기 어려울 정도였기 때문이었다. 아무리 망인의 체격이 좋았지만 그래도 너무 크다고 생각했다. 심장을 적출해서 무게를 측정해 보니 망인의 심장은 780g 정도였다.

사람의 심장 무게는 성별에 따라 차이가 있는데, 대개 남성의 심장이 여성의 심장보다 더 무겁다. 그리고 몸무게, 키, 체표면적에 비례해 심장의 무게는 커지는데, 우리나라에서 성인 남성의 경우 심장의 평균 무게는 305g, 여성은 265g이다. 망인은 키가 크고 몸무게도 무거웠지만 그래도 780g의 심장은 너무 무거웠다. 현미경적 검사로 망인의 심장을 들여다보고 나서 망인의 심장을 비후성 심근병증으로 진단할 수 있었다. 법의학은 법의 적용을 위해 감정하는 의학이고 죽어 있는 사람을 진료하는 의학이다. 죽어 있는 환자이기 때문에 치료라는 의료행위는 필요하지 않지만, 이분의 사례처럼 여전히 진단이라는 의료행위는 필요하다.

처음에 이 남성의 사망이 확인되었을 때는 망인의 사망은 타살을 배제할 수 없었다. 망인과 사장 단둘이 일하는 염전이었고, 그는 평소 건강했으며, 사망 과정 중에 어떤 목격자도 없었기 때문이다. 당시에는 염전 노예라는 사회적 이슈도 있었다. 하지만 부검을 통해 이 남성의 사인은 비후성 심근병증으로 진단되었고, 사망의 종류는 내인사로 결정되었다.

우리는 피해자에게 집중하는 경향이 있고, 피의자를 거침없는 비판의 눈으로 바라보기 쉽다. 하지만 늘 주의해야 한다. 10명의 도둑을 놓치더라도 억울하게 벌을 받는 한 사람을 만들지는 말아야 한다. 어쩌면 부검을 통한 사망의 조사는 살인자 한 명을 잡는 것보다 억울하게 누명을 쓸 수 있는 10명을 놓아주는 데 의의가 있다고도 할 수 있다.

이 남성은 비후성 심근병증으로 사망했다. 비후성 심근병증의 원인은 여러 가지가 있는데, 특히 유전적 이상 때문에 발생할 수 있다. 따라서 가족 중에 비후성 심근병증으로 사망한 사람이 있다면 가까운 가족들은 심장 검사를 받아야 한다. 특별히 비후성 심근병증의 경우 사망한 남성처럼 평소 무증상으로 있다가 첫 번째 증상이 심정지에 의한 사망일 수 있다. 이 남성은 오랫동안 따로 살아온 여동생에게 마지막으로 한 가지 선물을 주고 먼 길을 떠난 것일지도 모른다. 그리고 그 남성의 마지막 선물은 법의학자인 내 눈을 통해 배송될 수 있었다.

있었지만 없는 사람

그는 60대 남성으로, 젊었을 때 술을 좋아했다. 술을 마시면 부인과 아이들에게 횡포를 부렸는데, 다음날 술이 깨면 언제 그랬냐는 듯 부인과 아이들에게 친절히 대했다. 다시는 그렇게 하지 않겠다고 약속했지만 그런 일은 반복되었고, 그렇게 수년이 반복되자 결국 아내와 아이들은 집을 나갔다. 이후로 수십 년 그는 혼자 살았다. 그 뒤로도 그는 술을 마시며 살았지만, 주위 사람들에게 행패를 부리지는 않았다. 오히려 그는 주거지에서 혼자 거주했고 주변 이웃과 소통도 없었다.

그런데 어느 날부터인가 그가 보이지 않았고, 아파트 관리사무소로 이상한 악취가 난다는 주민들의 민원이 들어왔다. 이 때문에 관리사무소 직원은 그의 집을 방문했는데, 직원 역시 다른 곳에서는 맡을 수 없는 이상한 악취를 느꼈다.

현관문은 잠겨 있어서 들어갈 수 없었는데, 일주일 전쯤 배달된 쌀이 현관문 앞에 그대로 놓여 있는 것을 보고 관리사무소 직원은 이상한 생각이 들어 경찰에 신고했다. 경찰이 도착했지만, 경찰이 문을 따고 집 안으로 들어갈 수는 없었고, 119가 도착한 후에야 문을 강제로 개방해 집 안으로 들어갈 수 있었다.

그는 안방과 거실 사이에 누워 있었는데, 하늘을 보고 누운 자세였다. 옷은 반쯤 입고 있었고, 얼굴색은 검은색이었다. 앞서 들어가서 그를 본 관리사무소 직원은 전문가는 아니었지만, 그의 얼굴만 봐도 이미 그가 죽었다는 것을 알 수 있었다. 살아 있는 사람의 얼굴이 아니라고 생각했다. 당연히 심폐소생술을 하려는 생각은 하지도 않았다.

얼굴뿐만 아니라 팔과 다리도 검은색이었고, 그의 등 아래로는 검은색 체액이 고여 있었으며, 거실 바닥에 깔려 있던 얇은 이불 한쪽 귀퉁이도 독특한 악취를 풍기는 이 검은색 체액에 젖어 있었다. 집 안에는 파리가 많이 날아다니고 있었고, 시신 주위에서는 꿈틀거리는 구더기를 어렵지 않게 확인할 수 있었다. 시신 위에서는 구더기가 주로 얼굴과 겨드랑이 및 사타구니 쪽에서 기어다니고 있었다.

집 구조는 현관 안으로 좁은 복도가 있고, 복도의 왼쪽에는 작은방과 화장실로 통하는 문이 연이어 있었다. 복도를 벗어나면 주방 겸 거실과 안방이 있었는데, 거실과 안방 사이에 있는 시신은 열린 안방 문을 통해 확인할 수 있었다. 안방을 지나면 베란다로 연결되는 구조였다. 냉장고 안에서 상하지 않은 달걀이 있었고, 몇 가지 반찬이 남아 있었다.

변사자의 소지품 검사도 진행되었다. 우선 집 안에서 물색 흔적은 확인되지 않았고, 현금 1만 원권 90장과 100원짜리 동전 7개가 확인되어 총 90만 700원을 찾아냈다. 집 안에서 현금이 확인되어 경찰은 한편으로 안심할 수 있었다. 적어도 금품과 관련된 사망은 아닐 것 같았기 때문이다. 사실 경찰은 집 안에서 현금이 발견되기 이전에도 타살이거나 그와 유사한 사건은 아니라고 생각하고 있었다. 집은 14층이었고, 현관문은 잠겨 있었으며, 물색 흔적도 없었기 때문이다.

망인의 주민등록증과 망인 명의로 된 은행 통장 2개, 병원 진료등록증도 확인되었다. 경찰은 해당 병원을 통해 망인의 과거 질병력을 빨리 알 수 있을 것으로 생각했다. 다만, 복용 중이었을 것으로 생각되는 약물이 집 안에서 발견되지는 않았다. 진료등록증은 있지만 약은 확인되지 않았기 때문에 경찰은 변사자가 약물을 다량 복용해 사망한 것은 아닐지 의심했다. 망인의 휴대전화도 발견되었다. 다행히 휴대전화는 잠겨 있지 않아 통화 목록을 확인할 수 있었는데, 마지막 통화 기록을 통해 적어도 언제까지 망인이 살아 있었는지 확인할 수 있었다. 요즘은 휴대전화가 망인에 관해 많은 정보를 제공해 주곤 하는데, 휴대전화가 잠겨 있어 애를 겪는 경우도 많다.

시신은 영안실로 옮겨졌고, 이후 과학수사팀에서 영안실로 찾아왔다. 경찰 과학수사팀에서 검안을 시행했지만, 부패 변성 및 구더기 등에 의한 사후 손괴 외에 특별한 소견은 관찰되지 않았다. 비록 특별한 손상은 확인되지 않았지만, 부패한 상태로 발견되었기 때문에 망인의 사망에는 조사가 필요할 것으로 결정되었고, 부검이 필요할 것으로 판단되었다. 그렇게 그는 내게 왔다.

그렇게 그는
내게 왔다

그의 키는 170㎝ 정도였고, 몸무게는 50㎏이 조금 되지 않았다. 왜소한 체격이라고 할 수 있겠지만, 사망 후 수분이 빠져나가면서 건조된 상태였기 때문에 이 몸무게를 사망 전 망인의 몸무게라고 단정할 수는 없다. 경찰 과학수사팀에서 검안했을 때처럼 시신은 부패와 사후 손괴가 진행된 상태였다. 비록 부패로 인해 분명하지는 않았지만, 시체얼룩은 등과 허리 부위 등 몸의 뒤쪽에 있었다. 시체얼룩의 형태는 처음 시신이 발견되었을 때와 별다른 차이가 없었다.

시체경직은 확인되지 않았다. 다만 피부가 건조되었기 때문에 이런 건조된 피부로 인해 어떤 관절에서는 시체경직을 확인하기 어려웠다. 부검하면서 체온을 측정하는 것은 불필요했다. 이미 사망한 지 오래되었고, 시신이 발견된 후 내게 올 때까지 24시간 이상 영안실 냉장고 안에 있었을 것이기 때문이다.

우선 시신의 얼굴을 보았다. 살아 있을 때의 얼굴을 예상하기 어려웠다. 얼굴색은 이미 검은색으로 바뀌었고, 일부 피부의 연부 조직은 소실되었다. 일부 피부는 늘어졌고, 머리카락 일부는 빠진 상태였다. 하지만 특별한 손상 소견은 확인되지 않았다. 멍이 들었다거나 피부가 찢어졌다거나 하는 상처는 확인되지 않았다. 피가 나는 곳도 없었다. 다만 뒤통수 부위에서 바닥과 닿아 있던 곳에서는 두피가 물러져 있었다.

목과 목덜미 부분에서 특별한 손상은 확인되지 않았지만, 고개가 오른쪽으로 돌아가 있었던 것으로 보였다. 목의 오른쪽에서는 목의 피부 일부가 접혀 있었고, 그 덕분에 접혀 있던 목 부위 피부는 검은색으로 변색되지 않았다.

가슴, 배 부위는 건조되어 일부에서는 갈색을 띠고 있었고, 등과 허리 부위는 피부가 물러져 있으면서 옷에 의한 주름도 일부 남아 있었다. 아마도 망인은 하늘을 보고 누운 채로 사망했고, 사망 후 그 자세가 계속 유지된 것으로 보였다. 양쪽 팔과 다리 피부는 건조된 상태였고, 특히 손바닥과 발바닥은 부패 및 건조가 진행되면서 검은색으로 변색되어 있었다.

겉모습에 대한 검사를 마무리하고 나서 해부를 시작했다. 피부가 건조되어 메스가 잘 들어가지 않았다. 메스로 가능한 부분은 메스를 이용했고, 메스로 절개되지 않는 피부는 가위를 이용해야 했다. 딱딱한 피부를 절개하자 피하 지방층이 나타났다. 지방은 일부 액화되어 흘러내렸고, 흘러내리는 액화된 노란색 지방은 내 장갑을 적셨다. 단단한 피부와 액화된 지방은 대조적이었고, 지방으로 인해 장갑이 젖으면서 피부를 단단하게 잡고 있던 손이 부검 중에 미끄러지기도 했다. 이럴 때는 특히 조심해야 하는데, 자칫 미끄러져 손이 메스에 베이는 등 안전사고가 발생할 수 있다. 근육도 상당 부분 흐물흐물해져 있었고, 근육층의 두께가 얇았다. 이를 보면 망인은 사망 전에도 영양상태가 그다지 좋지 않았을 것 같았다.

배 부위를 절개하다가 위장 벽 일부에 절창이 만들어졌다. 위장이 부패로 인해 팽창되었기 때문에 그랬지만, 다행히 위장 벽 전체가 잘리면서 구멍이 나지는 않아서 다행이었다. 잘못했다면 위 내용물이 배 공간으로 빠져나와 위 내용물을 채취하기 어려워지는 등의 문제가 발생했을 것이다. 부검 절차에 따라 간, 콩팥, 지라, 이자 등이 적출되었지만, 엉덩정맥에서 혈액을 채취할 수는 없었다. 이미 부패가 많이 진행되어 신체 내에 혈액이 남아 있지 않았다.

가슴 부위 근육도 절개했고, 갈비뼈가 노출되었다. 심폐소생술이 시행된 망인이었다면 갈비뼈 골절이 확인되었을 테지만 이분은 홀로 돌아가셔서 심폐소생술에 의한 것으로 생각되는 갈비뼈 골절은 보이지 않았다. 심장과 허파를 검사하기 위해 갈비뼈 일부와 복장뼈를 제거했다. 심장막과 양쪽 허파가 노출되었다. 우선 심장막을 절개하고 심장을 노출한 후 심장을 적출했다. 만약 부패하지 않았더라면 심장 안에 있는 혈액을 채취할 수 있었겠지만, 망인에게는 혈액이 남아 있지 않았다. 양쪽 허파도 적출했다. 이들 장기는 부패하지 않은 시신의 장기들에 비해 가벼웠다.

도대체 무슨 일이 있었을까

두피를 절개하고 두피 안쪽을 관찰했다. 그런데 어색한 부분이 확인되었다. 이마 부위 두피 안쪽이 어두운 색으로 변색되어 있었다. 망인은 하늘을 보고 누워 있었고 시신은 그 자세로 유지된 것으로 생각할 수 있었는데, 그렇다면, 이마 부위의 변색은 어색한 소견이다. 뒤통수 부위가 이처럼 어두운 색으로 변색되어 있었다면, 시신이 하늘을 보고 누워 있는 자세로 있었기 때문에 시체얼룩이 형성되는 기전에 의해 뒤통수 두피가 혈액에 착색되는 경우가 있을 수 있다. 하지만 하늘을 보고 바로 누운 자세로 있던 시신에서 이마의 두피가 변색되는 것은 어색한 일이다.

자세히 살펴보기 위해 머리뼈에 남아 있는 연부조직을 벗겨내자 이마 부위의 두피가 어두운 색으로 변색된 이유를 알 수 있었다.

이마뼈에서 선상의 골절이 확인된 것이다. 망인은 사망 전에 이마 부위에 외력이 가해지며 두피의 출혈과 이마뼈 골절이 발생했을 것이다.

　망인의 사인을 단정하기는 어렵지만, 여기까지만 확인해도 이미 추가 수사는 필요하다고 할 수 있다. 사망 전 망인의 이마 부위에 머리뼈 골절이 발생할 정도의 외력이 가해졌을 것이다. 이마의 머리뼈 골절은 선상이었고, 뒤쪽을 향하는 12시 방향으로 길게 진행된 골절은 정수리 부분을 지나 마루뼈와 뒤통수뼈 일부까지 도달했다. 그리고 이마뼈 앞쪽에서는 7시 방향으로도 약 4센티미터 정도의 선상골절이 방향을 바꾸어 동반되어 있었다.

　머리뼈를 제거하고 보니 선상골절 위치와 일치하는 경막상출혈이 확인되었다. 경막상출혈은 머리뼈 골절과 연관되어 발생하는 뇌출혈의 일종이다. 뇌를 싸고 있는 경막을 제거하자 뇌와 경막 사이의 공간에서 경막하출혈도 확인되었다. 뇌는 부패로 인해 흐물흐물해진 상태였고, 사후변화로 인해 그밖에 다른 소견은 확인할 수는 없었다. 그래도 망인의 사인은 머리뼈 골절, 경막상출혈과 경막하출혈과 같은 머리 부위 손상으로 판단할 수 있었다.

　목 부위 해부를 시행했다. 일반적으로 목 부위 해부는 머리와 몸통 부위를 해부한 후에 시행한다. 목 부위는 좁은 공간에 혈관들이 많이 존재하고, 작은 손상까지도 세밀하게 관찰해야 할 필요가 있다. 이 때문에 목 부위는 다른 부분을 해부한 후에 마지막으로 시행한다. 부패로 인해 평가에 제한이 있었지만, 출혈이나 골절과 같은 손상은 확인되지 않았다.

처음 시신이 내게 왔을 때는 일반적인 주거지 안에서 일어난 사망 사건으로 내인사로 추정되었다. 부검을 시작하기 전 담당 형사와의 사전 인터뷰에서 형사도 내게 그렇게 설명했다. 그가 거주하는 곳은 14층이었고, 현관문은 잠겨 있어서 119가 강제 개방하고 안으로 들어갈 수 있었다. 주거지 안에서는 물색 흔적이 없었고 현금도 발견되었다. 하지만 부검이 마무리된 후 망인의 사인은 머리 부위 손상으로 판명되었다. 사망 전에 망인의 이마 부위에 외력이 가해졌을 것이고, 그로 인해 머리뼈 골절과 뇌출혈이 발생했다. 어쩌면 앞으로 넘어지면서 이마 부위가 부딪혔을 수 있고, 이마 부위를 가격당했을지도 모른다. 처음 이마 부위에 외력이 가해졌을 때는 대수롭지 않게 생각하고 집으로 돌아와 잠을 잤지만, 그 뒤로 깨어나지 못했을지도 모른다.

이제 수사가 필요하다. 일주일 전쯤부터 놓여 있었던 쌀과 휴대전화 통화 기록, 그리고 시신의 부패 정도 등을 종합할 때 망인은 20여 일 전에 사망한 것으로 추정되었다. 사망 전 망인의 과거 행적에 대한 수사가 필요해졌다. 홀로 거주하던 고립된 사람의 죽음도 수사가 필요한 죽음일 수 있다.

혼자 죽는 사람들

고독사는 통상적으로 누구의 보살핌을 받지 못하고 홀로 사망하는 것을 말하지만, 학문적인 정의가 명확하게 이루어지지는 않았다. 다만 다른 사람과의 관계성 없이 혼자 사망해 일정 시간이 지난 후에 사망한 채 발견된다는 공통점이 있다. 사회적 문제로 대두되는 고독사에 대해 우리나라에서는 '고독사 예방 및 관리에 관한 법률'을 제정해 2021년 4월 1일부터 시행하고 있다. 이 법에서 고독사는 가족, 친척 등 주변 사람들과 단절된 채 사회적 고립 상태로 생활하던 사람이 자살·병사 등으로 임종을 맞고, 시신이 일정한 시간이 흐른 뒤에 발견되는 죽음을 말한다.

이런 사망 형태를 지칭하는 고독사라는 용어는 인구 고령화를 앞서 경험한 일본에서 1980년대 이후 독거노인이 사후에 발견되는 사회현상을 설명하기 위해 사용하기 시작했고, 급속한 고령화를 겪고 있는 우리나라에서도 중요한 사회문제로 인식되고 있다.

특히 근래에는 고령의 노인뿐만 아니라 젊은 층에서도 고독사가 증가하는 현상이 지적되고 있는데, 이는 급속한 도시화로 인한 주거 형태의 문제, 비정규직 등 불안정한 고용 상태 등에 의한 경제적인 문제, 지속적인 조혼인율의 감소가 보여주는 결혼의 감소, 1인 주거의 증가 등에 의한 것으로 생각된다.

고독사는 주로 사회과학적인 문제로 생각할 수 있지만, 법의학적인 면에서도 중요하다. 고독사로 발견된 변사체의 많은 경우에서 법의 부검이 이루어진다. 이는 고독사의 중요한 특성 중 하나가 다른 사람과의 관계성 없이 혼자 사망하는 것이기 때문이다. 즉, 고독사는 목격자가 없는 죽음이기 때문에 사망에 대한 조사가 필요하다. 또한, 고독사의 다른 중요한 특성으로 고독사에 의한 시신은 사망한 지 일정 시간이 지난 후, 부패 등 사후 변성이 고도로 진행된 상태에서 발견되는 경우가 많고, 따라서 사인이나 사망의 종류 등 사망을 조사하기가 어려울 수 있다.

2022년 12월 보건복지부에서 고독사 실태조사 결과를 발표했는데, 2017~2021년까지 최근 5년 고독사에 대한 자료였다. 2021년 고독사 사망자 수는 3,378명으로 최근 5년간 증가 추세였고, 우리나라 고독사의 특성으로는 매년 남성이 여성보다 4배 이상 많았으며, 고독사의 가장 많은 연령대는 50, 60대로 이들이 매년 고독사의 50~60% 정도를 차지했다.

고독사라고 하면 흔히 사망의 종류를 내인사로 생각한다. 그러나 고독사의 정의에 사망의 종류는 있지 않고, 내인사뿐만 아니라 자살이나 사고사, 심지어 타살과 같은 외인사도 가능하다. 고독사 중 자살은 17~20% 정도였는데, 같은 기간 전체 사망자 중 자살은 4~5% 정도였던 것에 비하면 매우 높은 것을 알 수 있고, 특별히 20대의 고독사에서는 50% 이상이 자살로 확인되었다.

앞에서 소개한 죽음에서도 망인의 사인은 머리 부위의 손상이었다. 처음 부검이 의뢰될 당시에는 여느 고독사와 같이 60대 남성에서 발생한 고독사로 내인사를 의심하고 부검이 의뢰되었으나, 부검을 시행한 이후 사인은 머리 부위 손상으로 확인되었다. 따라서 망인의 사망은 부검 후에 추가 수사가 필요한 사망으로 수사 방향이 변경되었다.

망인은 이마뼈에서 선상의 골절이 확인되었던바, 앞쪽으로 넘어지며 머리뼈 골절 및 뇌출혈이 발생했을 가능성을 고려할 수 있었는데, 만약 음주 후 넘어지는 사고가 있었고, 처음 넘어질 당시에는 별것 아닌 것으로 생각하고 집에 돌아왔으나 사망했을 수 있다. 그랬다면 사고사였을 것이다. 그러나 누군가와 다툼이 있었고, 다툼 중에 상대방이 밀어 넘어졌거나 이마 부위 가격이 있었다면 망인의 사망은 살인사건이 될 수 있을 것이다. 다만 죽은 자의 말을 듣는 우리의 역할은 여기까지다. 이것이 합리적인지는 알 수 없으나, 검경이나 법원에서 이 변사 사건이 어떻게 결론지어졌는지는 알 수 없다. 앞서 이야기했던 어느 노신사에 의한 살해 사건에서 나중에 뉴스 기사를 통해서야 내가 그 내막을 알 수 있었던 것처럼 말이다.

고독사에서 가장 많이 사망하는 주거 형태는 주택, 아파트, 원룸 순이며, 주택은 단독주택, 다세대주택, 연립주택 및 빌라를 포함하는 것으로, 고독사의 50~65%가 주택에서 사망한 채 발견되었다. 그러나 20세 미만과 20대의 고독사는 원룸에서 가장 많이 발생했다. 최초 발견자는 형제·자매, 임대인, 이웃 주민 순이었다. 그 밖에 직계혈족, 택배기사, 친인척, 경비원, 직장 동료 등이었다.

한편, 최근 연구에서는 부패로 인한 악취 때문에 이웃 주민이 신고해 관리사무소 직원 등 건물 관리인이 발견하거나 집주인 등이 임대료를 받기 위해 찾아가서 시신을 발견하는 경우가 가장 많은 것으로 확인되었다. 시신이 발견될 때까지의 기간은 평균 26.6일이나 39.9일 정도였다.

우리는 흔히 고독사라고 말하는데, 정말 고독사가 맞는지 생각해 본다. 사망하고 나서 어느 정도 시간이 지난 다음에 시신이 발견되었다는 사실은 인정되지만, 그가 고독했는지는 알 수 없지 않을까. 그래서 고독사라는 단어 대신 고립사라는 말을 제안한다.

나의 변비는 당신의 죽음보다 무겁다

 이 책을 통해 사람의 죽음이 무엇인지, 사람이 왜 죽는지, 그리고 어떻게 죽는지 등 죽음을 이야기했다. 죽음에 관한 이야기만 해서 독자들의 마음이 우울해졌는지 모르겠다. 하지만 프롤로그에서 언급한 바와 같이 나는 죽음을 통해 삶을 이야기하고 싶었고 과거보다 미래를 이야기하고 싶었다. 우리가 죽음을 기억해야 하는 이유나 죽은 자들의 말을 들어야 하는 이유도 모두 우리의 삶을 위해서였다.

 나는 매일 죽음을 생각하며 하루하루를 산다. 나는 지난주에 부검했던 한 사람의 사인과 사망의 종류가 무엇인지, 그리고 어떻게 해서 그가 죽음에 이르렀는지 등을 한 주 동안 생각한다. 그리고 주중에는 익사, 저체온사, 질식사 등 여러 죽음의 모습들을 포함하여 죽음에 관해 학생들에게 이야기하고 가르친다. 그리고 다시 금요일이 되면 부검 테이블 위에 놓인 새로운 죽음을 만난다. 죽음의 이야기로 삶이 우울해진다면 나만큼 우울한 사람도 찾기 어려울 것 같다.

《구약성경》〈민수기〉 19장을 보면, 여호와께서 이스라엘의 지도자인 모세와 제사장인 아론에게 부정(不淨)한 것들을 알려주시는데, 그중에는 사람의 시체를 만진 자는 이레 동안 부정하다는 말이 있다. 우스갯소리이겠으나, 그렇다면 나는 부검하면서 부정해졌다가 일주일이 지나 부정함이 없어질 때쯤 다시 부정해져서 평생을 부정한 삶을 살고 있다.

비록 내 삶이 부정할지는 모르겠지만, 매주 부검하고 죽음을 생각하며 산다고 해서 내 삶이 우울하거나 불행하지는 않다. 오히려 죽음을 생각하면서 내 삶은 갈 곳을 모르는 나그네가 아니라 죽음이라는 끝을 알고 살아가는 여행자의 삶이 되었고, 삶에서 소중한 것을 알아가며 더욱 풍성해졌다. 《모리와 함께한 화요일》에서 흔히 루게릭병이라고 알려진 근위축성측삭경화증에 걸려 점차 진행되는 운동신경 손상으로 인해 걷지 못하고 움직이지 못하게 되다가 호흡 부전에 의해 사망하는 모리 교수는 자기 삶에서 죽음이 명확해짐에 따라 삶을 더욱 이해했고, 자기의 장례식을 자기가 죽기 전에 스스로 치르면서 행복한 시간을 보낸다. 그리고 《마지막 강의》에서 췌장암에 걸려 사망하기 전 학생들과 동료들 앞에서 마지막 강의를 하는 랜디 포시 교수는 죽음을 앞에 두고서야 진정한 삶을 살 수 있었다고 했으며, 《숨결이 바람 될 때》에서 신경외과를 전공하던 폴 칼라니티는 폐암에 걸려 사망할 것을 알게 된 후에 삶의 마지막을 사랑하는 사람들과 함께 보내며 자신만의 삶을 정리할 수 있었다. 어쩌면 윤동주 시인의 시 〈삶과 죽음〉처럼 삶은 죽음의 서곡일지도 모른다. 부디 이 책을 읽고 있는 여러분도 이 책을 통해 죽음을 더욱 이해하고 죽은 자의 말을 들어 배울 수 있기를 바란다.

나는 비교적 장 건강이 좋다고 생각했다. 그도 그럴 것이, 지금껏 살면서 변비라는 것을 한 번도 겪어보지 않았다. 화장실에 가는 것이 힘들 수 있다는 생각을 이전까지는 한 번도 해 본 적이 없었다. 먹었으니 배출하는 것이 당연한 것으로 생각하며 살았다. 그러던 어느 토요일, 그날이 왔다.

그 전날, 늘 그렇듯이 나는 부검을 했는데, 어려운 부검이었다. 부검하는 의사마다 다를 수 있겠지만, 나는 사망의 종류를 판단하기 어려운 사망이 부검하는 의사들에게 부담스러운 건이라고 생각한다. 내인사인지 외인사인지조차 구분이 쉽지 않은 부검은 부검하는 의사에게 큰 스트레스가 되는 부검이다. 내 판단에 따라 수사의 방향이 완전히 달라지는 것은 물론이고 한 사람의 삶에 대한 마무리가 내 판단에 따라 달라진다. 그런 부검을 하면 나는 그 사람의 죽음에 관한 판단과 함께 그 사람의 온 삶을 온전히 어깨에 짙어지는 느낌을 받는다.

그 부검을 마친 후 나는 금요일 오후부터 고민에 빠지기 시작했다. 법의학 책의 어떤 부분을 읽어보면 판단에 도움이 될까? 어떤 논문을 찾아보면 새로운 사실을 알 수 있을까? 어떤 검사를 추가로 시행하는 것이 좋을까? 수사 기록에서 어떤 부분을 더 요청할까? 내가 놓치고 있는 부분은 없을까? 내가 내인사라고 판단하면 어떻게 될까? 내가 타살이라고 판단하면 어떻게 될까? 금요일 오후부터 토요일까지 온통 부검 건에 관한 고민으로 머릿속이 복잡했다.

그런데 토요일 저녁부터 속이 이상했다. 화장실에 한번 가야 하는데, 신호가 오지 않았고 더부룩한 느낌만 있었다. 이 때문에 저녁 식사도 하는 둥 마는 둥 할 수밖에 없었다. 그래도 토요일까지는 괜찮았는데, 일요일이 되니 정말 불편했다. 헛배만 불러오면서 점점 더 속이 불편해지기 시작했다. 신호가 오지는 않았지만, 화장실에 가서 앉아 있었다. 힘껏 힘을 주었는데, 나오는 것은 없었고, 창자가 나올 것 같다는 느낌이 들었다. 빠져나오는 것이 없으니, 입으로 뭔가를 넣고 싶은 생각도 사라졌다. 신호도 오지 않는 상태에서 밤늦게까지 몇 번이고 화장실에 들락날락하며 시달리다가 잠이 들었다. 그때 한 가지 깨달은 것이 있었으니, 수면욕을 이기는 것은 없다는 사실이었다.

다음 날은 월요일이었기에 할 수 없어 출근했지만, 일을 할 수 없었다. 온 신경을 배에 집중하고 가만히 앉아 있을 수밖에 없었다. 화장실에 가고 싶었지만, 이미 반복된 실패로 인해 점막이 노출되어 있는 느낌이었고, 화장실에 가는 것조차 두렵다는 생각이 들었다. 그렇게 뱃속 장기에 집중하던 중 11시쯤에 마지막으로 용기를 내어 보기로 결심하고, 이번에도 실패하면 오후에는 병원에 갈 결심을 한 후 화장실로 향했다. 땀방울을 떨어뜨리며 화장실에 한참을 앉아 있다가 결국 성공했고, 어제부터 아무것도 먹지 못해 기운이 없었던 나는 점심을 먹을 수 있었다. 비로소 웃을 수 있었고, 생각할 수 있었다.

다시 내 책상에 앉으면서 지난 금요일에 했던 부검 건이 생각났다. 그제야 내가 어제부터 그 부검에 관해 생각조차 하지 않고 있었다는 것을 깨달았다. 금요일 오전에 부검한 후에 금요일 오후부터 토요일까지만 해도 그 사람의 죽음과 삶에 관한 생각뿐이었는데, 중병도 아니고 무슨 심각한 일도 아닌 고작 며칠 동안의 변비가 내 머릿속에서 그 부검 건에 관한 생각을 완전히 지워버렸다는 것을 그제야 깨달았다.

나의 변비는 타인의 죽음보다 무거웠다. 부검 건에 대한 나의 고민은 그의 삶과 죽음에 관한 것이었다. 태산과 같은 사람의 생명이니 그것은 태산처럼 무거운 것이었다. 그렇게 고민하고 있던 나였지만, 결국 그의 삶 전체보다는 내게 닥친 며칠간의 변비가 내게는 비교도 할 수 없을 정도로 훨씬 더 무거웠다.

그날 나는 타인의 억울한 '죽음'보다 오늘 내가 먹을 '빵 한 조각'이 더 소중하고, 그것이 사람이라는 것을 깨달았다. 이 책은 사람의 죽음에 관해 이야기했다. 이 책의 이야기가 모두 타인의 죽음일 뿐일지도 모르지만, 결국 중요한 것은 우리의 삶이다. 다만, 나는 이렇게 말하고 싶다. 그들을 위해서가 아니라 나와 우리의 삶을 위해 그들의 죽음을 모른 척하지 말아 달라고 말이다. 그들의 마지막 말을 들을 수 있는 눈을 가진 사람들의 말을 들어 달라고 말이다. 그렇게 하는 것이 나와 우리의 삶을 위한 것이기 때문이다.

법의학자를 꿈꾸는
중이라면

 마지막 책장을 덮기 전에 내 강의를 듣는 학생들에게, 그리고 법의학자를 꿈꾸는 학생들에게 짧은 당부의 글을 쓰는 것이 좋겠다고 생각했다. 간혹 내게 메일을 보내 법의학자가 되는 길을 묻는 학생들이 있고, 때로 나는 그 학생들을 만나 상담을 해 주기도 하기 때문이다. 그리고 이 당부의 말을 통해 진실을 좇는 법의학자의 길 위에 서 있는 사람으로서 학생들뿐만 아니라 독자들에게도 법의학자의 진솔한 이야기를 할 수 있을 것 같아서다.
 앞서 이야기한 바 있지만, 법의학에는 여러 분야가 있다. 그중에서 가장 주요한 분야라고 하면, 나와 같이 의대를 진학한 후에 의사면허를 취득하고 병리과 전문의가 된 다음에 법의 병리학을 세부 전공한 법의 병리학자가 있다. 나처럼 법의 병리학자를 전공한 법의학자가 되기 위해서는 대학 진학에서부터 법의학 인정의를 취득할 때까지 약 13~16년 정도가 필요하다. 그 외에도 의사 면허 취득 후 해부학을 전공한 법의 인류학자가 있고, 치과의사 면허를 취득한 후에 법치의학을 전공한 법치의학자도 있다.

간혹 법의학자가 되고 싶다는 고등학생과 상담하다 보면, 이런 말을 하지 않을 수 없다.

"부검하는 법의학자가 되기 위해서는 우선 의대에 진학해야 합니다."

내가 이렇게 말함과 동시에 많은 학생이 좌절하곤 한다. 하지만 이미 그 관문을 통과한 의대생들 중에서도 법의학에 관심이 있다며 나를 찾아오는 학생들이 몇몇 있었지만, 그 학생들 중에서 끝까지 법의학을 전공한 학생은 없었다. 그러고 보면 법의학자가 되기 위한 가장 큰 문턱은 의대에 진학하는 것이 아니라 법의학자가 되고자 하는 마음에 있는 것이 아닐까 싶다.

한편으로는 꼭 법의 병리학을 전공해야만 법의학 관련 일을 할 수 있는 것은 아니다. 부검은 법의 병리학자 혼자 하는 것이 아니고, 부검팀을 이뤄 진행된다. 법의학자 혼자 부검할 수 없다. 대개 4명이 팀을 이뤄 부검이 진행되는데, 부검팀은 법의 병리학자 1명과 법의 조사관 3명이 한 팀을 이룬다. 법의 병리학자는 부검을 총괄하고 부검 중 해부와 주요 장기의 육안검사를 담당한다. 나머지 3명의 법의 조사관들 중에서 2명은 주로 해부를 담당한다. 집도의와 함께 수술을 진행하는 퍼스트와 세컨드 어시스턴트 같다고 할 수 있다. 해부하면서 법의 병리학자를 돕고 해부 중 특이 소견이 발견되는 경우 법의 병리학자에게 알리며 함께 토의한다. 마지막 법의 조사관은 주로 사진을 촬영하고, 그밖에 일들을 수행한다. 부검 중에 수행되는 그밖에 일이라고 하면, 검사대상물을 처리하는 등의 일을 말하는데, 나머지 법의 병리학자를 포함한 3명의 팀원은 부검 중 손에 피를 묻히며 일하기 때문에 카메라로 사진을 찍는 등 피가 묻은 손으로 수행하기 어려운 일들을 마지막 법의 조사관이 담당하게 된다. 부검이 완료된 후 시신은 매장이나 화장된다. 따라서 부검이 끝나고 남는 유일한 해부의 증거물은 사진밖에 없다. 사진을 찍는 것은 부검의 유일한 증거를 남기는 작업이기 때문에 이것은 매우 중요한 일이고, 나는 부검할 때 적절한 사진 촬영을 강조한다.

개인적으로 나는 칼에 의한 다발성 자창에 의해 사망한 한센병 환자 2명을 부검한 적이 있었다. 당시 환자들은 비록 비활성화 상태의 한센병 환자였기는 하지만, 한센병이라는 특성 때문에 최소한의 인원으로 부검을 수행했고, 나와 법의 조사관 1명, 이렇게 2명이 2건 모두를 부검했다. 당시 얼마나 땀을 흘리면서 부검했던지 물을 마셔가면서 쓰러지지 않도록 서로를 격려하며 부검한 기억이 있다.

이렇게 함께 부검팀을 이뤄 부검을 수행하는 등 법의학 일을 하는 법의 조사관은 대개 임상병리사, 방사선사, 간호사 선생님들이다. 그리고 법의 조사관은 부검 중 채취하는 검사대상물들을 각각의 직역에 맞게 사후 실험실 검사를 하기도 하고, 흔히 CT라고 부르는 사후 컴퓨터단층촬영 검사를 수행하기도 하며 각각 자신의 전공 분야에서 법의학적 연구를 진행하고 있다. 그래서 법의학에 관심이 있다면, 의대 진학이라는 문턱 앞에서 지레 포기하지 않기를 바란다. 상투적인 말인 것 같지만, 역시 중요한 것은 하고자 하는 마음인 것 같다.

간혹 사람들은 내게 묻는다.

"법의학이 재미있어요? 왜 그 일을 해요?"

나는 이렇게 답한다.

"나는 법의학이 즐겁고 좋아요. 사람은 자기가 좋아하는 일을 해야 해요. 그래야 오래 할 수 있고, 잘할 수 있어요."

그리고 이렇게 덧붙이곤 한다.

"물론 법의학의 일이 기쁜 일은 아니에요. 부검하는 것을 기쁘고 즐겁게 생각하는 사람이 있다면, 그건 조금 이상하죠. 정말 그렇다면 흔히 말하는 사이코패스 아닐까요?"

타인의 죽음을 마주한다는 것은 정신적으로 어려운 일이다. 특히 안타까운 사정이 있는 죽음이라면 더욱 그렇다. 어린아이의 죽음, 고립되어 혼자 죽는 죽음, 대량 재해에 의한 다수의 죽음. 많은 죽음에서 눈물이 함께한다. 그들의 죽음과 마주 서는 부검을 하면서 기쁘고 즐겁다면 그것은 어색한 것이리라.

그런데도 나는 법의학이 즐겁고 좋다. 부검 자체가 좋다고 하기는 어렵지만, 부검을 통해 그들의 말을 내 눈으로 듣는 것이 좋다. 다른 사람이 듣지 못하는 그들의 말을 듣는 것이 좋다고 할 수 있겠다. 부검할 때 나는 마치 삶과 죽음을 이어주는 통역사 같다고 느낀다.

죽은 자와 산 자를 이어주는 통역사처럼 나는 검시(檢屍)를 통해 죽은 자의 말을 들어 산 자에게 알려주는데, 어떨 때는 이런 과정이 열두 고개를 푸는 것 같다고 느낄 때도 있다.

죽은 자의 말을 듣기 전에 나는 나이와 성별 및 사건 개요만의 정보를 가지고 마음속으로 사망을 조사한다. 다음으로는 담당 형사를 만나 현장 사진 등의 정보를 통해 힌트를 얻는다. 그리고 CT 등 영상 검사와 함께 검안과 해부를 하면서 죽은 자의 말을 듣는다. 해부가 끝난 후에는 죽은 자의 의료기록을 검토하기도 하고, 해부 중에 채취된 검사대상물을 이용한 사후 실험실 결과를 통해 마지막 정보까지 받는다. 그리고 이 모든 것을 종합해 죽은 자의 소리 없는 말을 해석한다. 이런 과정이 마치 열두 고개를 푸는 것 같을 때가 있다.

이런 과정은 타인의 삶과 죽음의 무게를 짊어지는 것 같아 외로움과 고립감을 느낄 때도 있다. 오직 내 눈으로만 그들의 말을 들을 수 있기 때문이다. 하지만 의미 있는 고독함이라고 생각한다.

생각해 보면 나는 죽은 자의 억울함을 풀어주겠다거나 의사로서 사회의 정의를 위해 일하겠다는 사명감이나 거창한 꿈이 있어 법의학을 전공하기로 결심한 것은 아니었던 것 같다. 하지만 이 책을 읽고 있는 독자라면, 적어도 법의학을 선택하기 전의 나보다는 법의학에 관한 관심이 많고 그 꿈을 키워나가고 있을 것 같다.

법의학자를 꿈꾸는 독자라면, 언젠가 법의학자가 되어 부검실에서 부검 테이블 위에 놓인 죽음을 마주할 수 있으리라 생각한다. 어쩌면 처음에는 손이 떨릴 수 있겠고, 처음 부검했을 때의 나처럼 시신의 차가움에 놀랄지도 모르겠다. 그러나 다른 곳에서 만날 수 없는 삶과 죽음에 대한 새로운 깊은 층위를 그곳에서 마주하게 되리라 생각한다. 한 사람이 내게 온다는 것은 그의 과거와 현재와 미래가 함께 온다는 것을 의미할 텐데, 부검실에서 만나는 사람은 그의 모든 것을 온전히 나의 통찰에 의지하고 있으니 그 무게는 결코 가볍다고 하기 어렵다. 부검한다는 것은 단지 해부를 넘어서는 일이고, 한 사람의 마지막 말을 듣는 것이며, 그 사람의 삶을 완성한다는 의미이고, 남은 자들에 대한 위로이기도 하다.

지금은 부검 전후의 인터뷰에서 유족을 참여시키지 않고 담당 형사와만 인터뷰를 진행하지만, 과거에는 부검 후 인터뷰를 할 때 형사뿐만 아니라 유가족이 인터뷰에 함께 참여하기도 했다. 물론 필요할 때는 유족을 인터뷰에 참여시키지 않은 적도 있었고, 경우에 따라서는 유족을 참여시켜 필요한 내용을 먼저 설명한 후에 유족을 내보내고 담당 형사와 이후 인터뷰를 진행하기도 했다. 예를 들어 유족이 변사자의 사망에 관련되었을 것으로 의심되는 경우라면, 처음부터 유족을 참여시키지 않거나 인터뷰 중에 유족의 반응을 파악한 후 먼저 유족을 내보내고 담당 형사와 수사와 관련한 내용을 이야기했다.

법의관은 국과수에 소속되어 부검 등을 감정하는 법의학자를 말하는데, 그때 나는 선배 법의관의 부검에 참여해서 부검을 배우던 때로 법의학을 시작한 지 얼마 되지 않았다. 그날은 지금은 돌아가신 법의관 선생님과 함께 부검했는데, 그 선생님은 부검 전후 인터뷰에 나를 데리고 함께 가셨다. 사건 자체는 아득해 기억이 잘 나지 않지만, 변사자는 비교적 젊은 남성이었던 것으로 기억한다. 부검 후 인터뷰에 유가족이 참여했는데, 20대 초반쯤 되는 젊은 청년이 유족 대표로 인터뷰에 참여했다. 선생님께서는 변사자의 사망에 관해 담당 형사와 유족에게 설명하셨고, 설명이 끝날 때쯤 그 청년의 손을 꼭 잡아 주셨다.

"이제는 학생이 가장이니 어머님을 잘 챙겨주세요. 힘내시고, 장례 절차도 잘 마무리하시기를 바랍니다."

길지 않은 인사였지만, 마주잡은 손과 짧은 인사에서 그 청년은 많은 위로를 받은 것처럼 보였다. 많은 이들이 부검을 싫어하고 심지어 돌아가신 분을 두 번 죽이는 것이라고도 하지만, 돌아가신 분의 죽음을 명확히 해서 유가족이 그 죽음에 의심이나 오해가 없도록 하고 이후에 남은 자들을 위한 법적·사회적 관계가 적절히 마무리되도록 하는 것, 그리고 유족에게 위로를 전하는 것이 부검과 법의학이라고 나는 배웠다. 그리고 이후로 부검 후 인터뷰에서 유족을 만날 때면 작은 위로의 말을 전했다.

법의학자가 되고자 하는 사람이 가져야 할 가장 중요한 덕목은 무엇일까? 사명감? 정의감? 동감 능력? 사건을 분석하는 날카로운 시선? 끊임없이 배우고자 하는 열정? 물론 모두 법의학자가 갖춰야 할 덕목이다.

채용하는 자리에 따라 다를 수는 있지만, 일반적으로는 법의관으로 국과수에 입사하는 과정으로는 서류심사와 면접이 있다. 사실 이 질문은 예전에 내가 국과수에 입사하기 위해 면접시험을 볼 때 면접관이 했던 질문이다. 당시에 나는 다음과 같이 답했다.

"저는 정직함이라고 생각합니다. 법의관은 부검하고 감정하는 의사이기 때문에 부검을 통해 본 것은 봤다고, 보지 못한 것은 보지 못했다고 말할 수 있는 정직함이 법의관이 가져야 할 가장 중요한 덕목이라고 생각합니다."

순간적인 대답이었지만, 지금도 나는 이렇게 생각한다. 이런 정직함이 법의학자가 가져야 할 기본 덕목이라고 생각한다. 그리고 정직함이라는 덕목 위에 냉철한 분석력과 유가족 등 타인을 공감할 수 있는 마음이 있어야 한다. 지속적으로 공부하는 열정이 있어야 하고, 부검 자체는 기쁘고 즐거운 일이 아닐 수 있으니 사명

감도 있어야 한다. 그리고 죽은 자의 말을 들을 수 있는 실력을 쌓아야 한다.

 이 길을 가고자 하는 학생들에게 들려주고 싶은 정조대왕의 말로서 마무리하고자 한다. 이 말은 정조대왕이 형조판서를 역임했던 서유방에게 한 말이다. 그리고 이 글은 내가 법학전문대학원 학생들에게 법의학을 가르치면서 앞으로 법조 실무를 행할 때 기준으로 삼을 수 있도록 보여주는 것이기도 하고, 내가 부검감정서 작성 등 법의학 실무를 하며 마음속에 간직하는 말이기도 하다.

의심이 없는 곳에서 다시 의심하라(無疑處起疑)
이치를 따질 때는 반드시 깊이 생각하고 힘써 탐구해야 한다. 의심할 것이 더는 없는 곳에서 의심하고, 의심한 곳에서 거듭 의심해 더는 의심할 것이 없는 완전한 지경에 다가서야 비로소 시원스럽게 깨달았다고 말할 수 있다. 옥사(獄事)를 판결하는 일도 이와 같다. 정황이나 법조문에서 털끝만큼도 의심할 것이 없다 해도 의심할 것이 더는 없는 그곳에서 다시 의심해 의심하고 또 의심하라. 더는 의심할 것이 없는 완전한 지경에 도달한 뒤에라야 비로소 판결을 내릴 수 있다. 이렇게 확대해 나간다면 잘못 처리한 부분이 드물 것이다.

◆ 에필로그

 책을 마무리했다. 처음 글을 쓰면서 법의학의 눈으로 보는 사람이 어떤 사람인지 궁금한 독자들뿐만 아니라 법의학이라는 학문 자체에 대한 이해를 돕기 위한 책을 쓰고자 했는데, 그 목표에 잘 도달했는지 모르겠다. 사람이란 무엇인가에 대한 법의학적 고찰에도 성실하고자 했는데, 평가는 독자들이 하리라 생각한다.
 세상의 모든 사람은 죽으므로 어떤 학문보다 실재적으로 죽음을 다루는 학문인 법의학에 관한 지식은 세상의 모든 사람이 알아도 좋을, 아니 알아야 할 지식이라고 생각한다. 우리 모두는 언젠가 결국 죽을 것이기 때문이다. 돌아올 곳이 있고 마지막이 어디인지 알고 길을 가는 사람은 여행자이겠지만, 목적지를 모른 채 정처 없이 길을 가는 사람은 떠돌이라고 할 수 있다. 물론 떠돌이의 삶이 더 행복할 수 있고, 그렇게 느낀다면 그렇게 살아도 좋다고 생각한다. 그러나 한 번쯤은 내가 어디로 가고 있는지 생각해 보고, 그곳에 먼저 간 사람들의 말을 들어보는 것이 지금 내가 가고 있는 길에서 두려움을 덜어내고 행복감을 더하는 방법이 될 수 있지 않을까 생각해 본다. 그래서 법의학은 죽음을 다루지만, 뒤를 돌아보기보다 앞을 보는 이야기가 되어야 한다고 생각했다.

어제 퇴근했더니 요즘 한창 나와 싸우고 있는 9살 막내딸이 엄마에게 짜증을 내고 있었다. 막내가 그러는 이유를 아내에게 물었더니 집에 있는 책을 다 읽어 더 읽을 책이 없어서 그렇단다. 덕분에 아내는 새로운 책을 찾기 위해 여러 서점 홈페이지를 열심히 검색했다. 사실 막내딸의 말을 해석하면, 자기 마음에 드는 책이 없으니 다른 책을 구해달라는 의미였을 것이다.

세상에는 평생 읽어도 다 읽지 못할 책들이 이미 켜켜이 쌓여 있다. 그런데 철학과 사상이 부족한 내가 나무를 희생시키고 자연의 자원을 소진하며 또 한 권의 책을 만드는 것은 불필요하고 부적절하다는 생각이 들기도 했다. 하지만 내가 공부하는 법의학은 인간의 삶과 죽음을 아우르는 학문으로, 우리의 삶을 돌아보고, 나뿐만 아니라 앞으로 언제인가는 죽을 모든 사람이 알아야 할 지식을 담고 있다는 권위에 기대어 용기를 얻어 이 책을 썼다. 독자들의 마음에 담기는 책이 되어 많은 이들에게 도움이 되었으면 좋겠다.

마지막으로 '아빠는 일하려고 아침에 회사로 출근하고, 일하려고 저녁에 집으로 출근한다.'며 핀잔을 주기도 하지만, 그래도 이해해 주고 지지해 주는 아내 경진과 아이들 유은, 유안, 유빈에게 고맙다고 말하고 싶다. 그리고 논문밖에 써본 적이 없어서인지 문체부터 어색했던 내 글을 책으로 만들어준 출판사에 감사의 말을 전하고 싶다. 처음 원고와 마지막 원고를 보면 많은 차이가 있음을 알게 되어 스스로 놀란다. 다른 책들을 보면 주로 프롤로그에 감사의 말을 적던데, 형제지간임에도 우리가 에피메테우스보다 프로메테우스를 더 잘 알 듯이 프롤로그보다는 에필로그를 보는 독자가 더 적을 것 같아 쑥스러운 마음에 감사의 인사를 에필로그에 소심히 적어본다.

● 참고자료

고래의 비밀(http://www.nobelscience.net/news/articleView.html?idxno=1700).
김형건·박정우·조휘열·서준희·최철호·나주영, 〈부검감정서와 사망증명서상의 사인 및 사망의 종류 불일치에 대한 연구〉, 대한법의학회지, 2014;38:139-144.
나주영, 〈법의부검 자료를 통한 대한민국 고독사에 관한 고찰〉, 보건사회연구, 2023;43:274-288.
나주영·김형건·김은정·이성진·이봉우, 〈검안보고서와 부검감정서의 사인 및 사망의 종류 비교 연구〉, 대한법의학회지, 2016;40:119-124.
나주영·박종태, 〈법원 판결과 연명의료결정법으로 본 환자의 자기결정권과 죽음에 대한 고찰〉, 대한법의학회지, 2022;46:1-10.
랜디 포시·제프리 재슬로, 심은우 옮김, 《마지막 강의》, 살림, 2024.
문국진, 《죽은 자의 권리를 말하다》, 글로세움, 2012.
미치 앨봄, 공경희 옮김, 《모리와 함께한 화요일》, 살림, 2024.
박지혜·나주영·이봉우·양경무·최영식, 〈2017년도 법의부검에 대한 통계적 고찰〉, 대한법의학회지, 2018;42:111-125.
버네사 우즈, 김진원 역, 《보노보 핸드셰이크》, 디플롯, 2022.
서경, 〈인간 생명의 시작은 언제로부터 보는 것이 타당한가?〉, 한국모자보건학회지, 1998;2:7-11.
앤드류 조지, 공경희 역, 《길가메시 서사시》, 현대지성, 2021.
이수진·노상재·김형석·나주영·박종태, 〈진료 중 사망한 경우에서 사망의 원인 및 종류 결정에 대한 고찰〉, 대한법의학회지, 2023;47:95-104.
클라아스 부쉬만, 박은결 역, 《죽은 자가 말할 때》, 웨일북, 2021.
폴 칼라니티, 이종인 옮김, 《숨결이 바람 될 때》, 흐름출판, 2024.
허기영, 〈독일, 일본 및 한국의 학생 법의학 교육〉, 대한법의학회지, 2022;46:95-101.
허기영, 〈일본의 새로운 사인 조사 제도〉, 대한법의학회지, 2021;45:73-78.

2021년 사망원인통계, 통계청.

2022년 고독사 실태조사, 보건복지부.

9일째 계속되고 있는 범고래들의 장례식(https://www.hani.co.kr/arti/animalpeople/wild_animal/855950.html).

Chungsu Hwang, Joo-Young Na, Young San Ko, Young-Il Park, Jin-Haeng Heo, Ho Suk Song. Sudden Unexpected Death Due to Myocarditis Caused by Coronavirus Disease 2019: Postmortem Histopathologic Evaluation. Korean J Leg Med, 2022;46:126-132.

Did Damar Hamlin experience commotio cordis? What to know about the rare phenomenon(https://www.npr.org/2023/01/03/1146744819/damar-hamlin-buffalo-bills-cardiac-arrest-commotio-cordis).

Doğaç Demir, Şefik Görkey. Van gogh and the obsession of yellow: style or side effect. Eye (Lond) 2019;33:165-166.

NFL player Damar Hamlin in critical condition after suffering cardiac arrest(https://www.lemonde.fr/en/sports/article/2023/01/03/nfl-player-damar-hamlin-in-critical-condition-after-suffering-cardiac-following-a-tackle_6010145_9.html#).

인격적으로 점잖은 무게 '드레'
드레북스는 가치를 존중하고 책의 품격을 생각합니다